마음챙김 차명상
MTM
Mindful Tea Meditation

< 일러두기 >
본서에서는 MTM(Mindful Tea Meditation)의 핵심 요소인 마음챙김을 다양하게 표
기하고 있습니다. 마음챙김은 마인드풀니스(mindfulness)의 한국말 번역어이며,
동시에 빨리어 사띠(sati)의 번역어입니다. 사띠를 마인드풀니스라고 번역하고,
마인드풀니스를 마음챙김으로 사용하고 있는 게 전반적인 흐름입니다. 하지만
이 책에서는 마음챙김을 문장에 따라 주시(注視), 관찰, 자세히 들여다봄, 알아차
림 등으로 사용하고 있습니다.

마음챙김 차명상
MTM
Mindful Tea Meditation

글 김배호 ─ 감수 정준영

'잠시 멈춤, 행복으로 가는 길

에디터
editor

감수의 글

이 책은 만만하다. 그리고 친절하다.

본서는 차명상의 핵심기능인 마음챙김을 적용하기에 앞서, 대상에 주의를 기울이는 방법을 먼저 소개한다. 명상의 대체용어로 사용되는 마음챙김 대세의 시대, 저자의 친절한 설명은 초보자들이 명상을 쉽고 만만하게 접할 수 있도록 안내한다.

이 책은 묵직하다. 그리고 부드럽다.

마치 차 한 모금에도 다양한 맛과 풍미가 살아 있는 듯, 본서는 여섯 가지 감각 다루기라는 묵직하고 다양한 수행법을 따뜻한 차처럼 부드럽게 풀어준다.

인간은 여섯 가지 감각기관을 사용한다. 이들은 함께 혹은 따로 작용한다. 우리가 이들 모두를 동시에 사용하는 시간은 음식을 먹을 때다. 먹는 순간은 몸과 마음을 모두 사용하고 알아차림마저 극대화할 수 있는 장면이다. 따라서 적절한 명상의 시간이 될 수 있다. 하지만 음식을 먹을 때는 탐욕과 성냄이 따라붙기 쉽다. 맛있으면 더 먹고 싶고, 맛없으면 화가 난다. 그렇다면 탐욕이나 성냄이 적은 상태에서, 몸과 마음을 모두 대상으로 삼을 수 있는 것은 없을까? 바로 차(茶)이다. 차는 생존이 아닌 여유를 위해 만나기 때문이다. 차는 음식처럼 집착하지 않으며 대상화할 수 있다. 또 그 준비과정 역시 간단하다. 본서는 차를 통해 인간의 여섯 가지 감각기관을 모두 함께 다룰 수 있는 명상법을 소개한다.

　명상을 위해서는 이완과 집중이 필요하다. 이완은 흔들리는 심신을 가라앉히는 작업이다. 집중(集中)은 마음을 특정 대상에 머물게 하는 과정 혹은 머문 상태를 말한다. 이러한 집중을 위해서는 대상이 꼭 필요하다. 집중을 위한 대상에는 크게 두 가지가 있는데 하나는 외적인 대상이고 다른 하나는 내적인 대상이다. 예를 들어, 음악처럼 외부에서 들려오는 대상은 외적인 대상이다. 그리고 호흡과 같은 육체적 감각이나 정서들은 내적인 대상이다.

　명상을 시작하는 사람들에게는 외적인 대상이 내적인 대상에 비해 집중에 유리하다. 마치 TV나 음악, 스마트폰 등에 쉽게 집중할 수 있는 것과 마찬가지다. 하지만 외적인 대상을 향한 집중은 제한적이다. TV가 항상 재밌지는 않기 때문이다. 그리고 그 외적인 대상에 적응하면 더 이상 매력적이지 않다. 좀 더 자극적인 것이 나타나야만 집중을 유발할 수 있게 된다. 따라서 외적인 대상을 통해 얻은 집중은 내적인 대상으로 전환해야 한다.

　내적인 대상은 외적인 대상에 비해 항상성을 지닌다. 특별한 환경을 조성하지 않아도 내가 원하면 대상화시키고 집중할 수 있다. 예를 들어 호흡처럼 집중의 대상이 나와 함께하는 것이다. 이처럼 외적, 내적 대상을 통해 조금씩 성장한 집중은 내가 나의 마음을 다룰 수 있도록 도와준다.

　어느 순간 발생한 자극, 감각 혹은 정서에 끌려다니기보다 이들을 맞이하거나, 주의를 다른 곳으로 전환할 수 있는 능력을 얻게 된다. 쉽게 말해 앞에 싫어하는 사람이 있어도, 내 마음이 그 사람과 함께하지 않고 다른 대상으로 전환할 수 있게 된다. 내가 내 마음의 대상을 필요에 따라 스스로 바꾸고, 조정할 수 있게 되는 것이다. 이러한 집중의 힘이 강해지면 인사이트(Insight, 통찰) 역시 가능해진다. 집중이 지혜로 성장하는 것이다.

MTM은 명상자의 발달 과정을 고려하여 구조화한 프로그램이다. 동시에 차(茶)를 대상으로 하여 초보자들의 접근성을 높였다. 차를 통해 이완을 유발하고, 대상과의 접촉에 주의 기울임을 적용하는 방법에서 시작한다. 따라서 명상을 시작하는 사람들이 부담을 갖지 않고 쉽게 만날 수 있다. 동시에 차를 우리고 마시는 동작뿐만 아니라, 차가 몸 안으로 들어올 때의 내적인 감각의 영역으로 확장할 수 있는 알아차림을 유도한다.

아마도 MTM은 이 시대에 가장 쉽고 품위 있는 명상법일 것이다.

정준영(명상 지도자, 서울불교대학원대학교 교수)

prologue

새벽 3시. 오늘도 어김없이 같은 시간에 일어나 찻물을 끓인다. 십수 년째 해오는 일이지만 언제나 새롭고 설렌다. 차를 우리기 위한 물 끓는 소리에 집중하면서 나의 감각이 서서히 깨어난다. 다관에 차를 넣으며 찻잎의 모양과 색깔에 마음을 두고, 다관에 물을 따르는 그 소리에도 주의를 기울인다. 따뜻하게 데워진 찻잔을 두 손으로 감싸 들고 은은한 차의 향을 맡으며 입술에 닿는 찻잔을 기울여 차 한 모금을 마신다. 입 안 가득 퍼지는 맛과 향, 따뜻한 감촉을 느끼며 내 정신은 명료해진다. 또 그 속에서 느껴지는 차의 향과 맛, 감촉은 언제나 새로워서 나에게 지루할 틈을 주지 않는다.

나를 성찰하게 해주고 다독여주는 차에 관심을 가지기 시작한 것은 나이가 제법 들어서이다. 하지만 본격적으로 차와 인연을 맺은 것은 대학 졸업 후 34년간 일한 첫 직장을 그만두면서부터이다. 젊었을 때는 열심히 잘살고 있다고 믿었던 내 삶에 대해 지금도 여전히 괜찮은지 스스로 묻고 있었다. 무언가 잃어버리고 살아온 것은 아닌지, 지금 나는 무엇을 위해 살고 있는지, 앞으로 어떻게 살아야 할지 하나하나 되짚어보았다. 그리고 스스로 솔직하게 물었다.

"그래서 지금 행복하니?"

가슴 한편에 뭔가 텅 비어있는 듯한 느낌이 자리 잡고 있었다. 뭔가 중요한 것을 놓치고 살아온 것은 아닌지 회의가 들기 시작했다. 그때부터 흐트러진 마음을 다시 추스르고 불러 모으는 '잃어버린 마음 찾기'에 관심을 가졌다. 그러면서 접한 것이 차 공부였다. 다도 대학원에 입학하여 다도와 차문화 등을 공부하면서 차의 매력에 흠뻑 빠져들었다. 차 공부를 하면서 차에는 명상적 기능이 내재해 있다는 것을 알게 되었고, 차와 정신문화를 결합하는 일에 관심을 가지기 시작했다. 이미 수천 년에 걸쳐 몸과 마음의 이완에 효과가 뛰어나다고 검증된 차가 명상과 만나면 내면의 정신세계를 계발할 수 있는 좋은 매개체가 될 수 있다고 생각했다.

그 무렵 우리나라에서 '차명상'이라는 명칭을 처음 사용한 지장스님을 소개받았다. 2005년 '초의차명상원'을 개원하여 우리나라 최초로 '차명상'을 대중에게 보급하고 있던

스님을 만나면서 본격적으로 차에 내재한 정신문화와 명상을 결합한 차명상을 연구하기 시작했다. 그리고 지장스님으로부터 '초의차명상원' 제1호 분원을 전수받는 행운도 누렸다. 이렇듯 차는 나의 인생 2막의 시작이었다.

차명상을 하면 할수록 명상에 대한 갈증이 심해졌다. 뭔가 충족되지 않는 느낌이었다. 차와 명상 둘 다 제대로 알고 싶어졌다. 고민 끝에 명상 공부와 함께 집중수행을 결심했고, 무작정 수행센터로 향했다. 명상에 대한 아무런 지식 없이 낯선 땅 미얀마로 떠났다. 명상학 전공 대학원에 입학하기 직전인 2011년이었다. 언뜻 무모해 보이지만 지금 생각해보면 무척 현명한 선택이었다. 명상에 관한 선입견 없이 도화지처럼 명상을 빨아들일 수 있었다. 젊었을 때와는 사뭇 다른 성숙한 열정으로 다시 한번 솟아오르는 기쁨을 느꼈다.

미얀마 수행처에서는 오롯이 위빠사나 수행에 전념했다. 위빠사나 수행은 현상을 있는 그대로 보아 지혜를 얻는 불교 수행이다. 잠자는 시간을 빼놓고 하루 내내 수행에 매진하는 센터에서의 경험은 너무나 특별했다. 내 삶은 희열과 행복으로 충만하게 채워지고 있었다.

수행처에서의 경험을 뒤로하고 일상으로 돌아온 나는 일상생활에서도 할 수 있는 명상의 필요성을 절감했다. 명상이 얼마나 좋은지 경험한 나로서는 주위 사람들과 함께 나누고 싶었다. 그래서 생각해 낸 것이 차의 명상적 기능과 명상의 핵심 요소를 접목한 새로운 명상이었다. 기존의 차명상에서 명상의 핵심 요소인 마음챙김을 강화한 MTM(Mindful Tea Meditation)을 본격적으로 계발하기 시작했다.

MTM의 핵심은 찻일(茶事)의 다양한 요소들을 '주의 기울여 알아차림'하는 것이다. 차에는 심신을 이완시키는 기능뿐만 아니라 오감을 두루 경험할 수 있는 요소가 많아 이만큼 좋은 명상 도구는 없겠다 싶었다. 차라면 누구나 쉽게 접근할 수 있으니 명상의 대중화에도 도움이 되겠다는 자신감이 생겼다. 특히 시간에 쫓기고 온갖 스트레스에 시달리는 현대인들에게 짧은 시간으로도 가능한 MTM은 안성맞춤이라고 생각했다.

MTM은 차의 장점과 명상의 마음챙김을 결합한 명상 프로그램이다. 일부러 시간을 내서 명상센터를 찾지 않아도 일상생활 속에서 손쉽게 따라 할 수 있는 만만한 명상 프로그램이다. 나 역시 MTM을 통해 많은 것을 배웠고, 삶에도 많은 변화가 찾아왔다. 오감을 깨우는 긴 여행을 통해 오랫동안 몸과 마음을 외면했던 자신을 돌아보고, 몸의 감각에 주의를 기울이며 서서히 삶의 리듬을 회복할 수 있었다.

무엇보다 심리적으로나 정신적으로 많이 안정되었다. 강인함으로 무장한 내 모습에서 따뜻함을 찾아볼 수 있게 되었고, 앞만 보던 내가 옆도 보고 뒤도 돌아볼 줄 알게 되었다. 이제는 웬만한 일들은 느긋하게 바라볼 수 있는 여유가 생겼다. 물론 나도 사람이기에 울컥 화가 올라오기도 하지만 화에 끌려다니지는 않는다. 화가 났음을 알아차리는 힘이 생겼기 때문이다. 올라오는 부정적인 감정을 바라보고 있으면 그 부정적인 감정은 신기하게 약해진다. 나쁜 감정, 지치고 힘든 상황에서 한 발자국 떨어져 나와서 감정과 나를 분리하는 힘이 생겼기 때문이다.

차는 매우 미세한 식품이다. 인간이 섭취하는 다양한 음식들 가운데에서 주변의 기후, 물의 온도, 습도 등에 가장 민감하게 반응하는 식품이다. 그러므로 매번 차에 주의를 기울이지 않으면 차의 특성이나 맛을 놓치게 된다. 주의 깊게 차를 대하지 않으면 제대로 된 차를 만들거나 그 맛을 음미하기 어렵다. 습관적으로 차를 마시며 다른 생각에 빠저들기 쉽다.

하지만 차의 다양한 특성을 명상의 대상으로 삼으면 알아차림이 좋아진다. 그때그때 달라지는 미세한 차의 색감, 향기, 촉감, 맛에 주의집중을 하다 보면 어느 사이엔가 이완을 거쳐 집중력이 향상된다. 또 집중력이 좋아지면 대상에 가까이 다가가 살펴봄으로써 세상 모든 것은 매 순간 변한다는 사실을 알게 된다. 즉, MTM을 통해 지금 시시각각 변하는 현상을 있는 그대로를 알아차릴 수 있게 된다. 한마디로 현재 이 순간에 머물 수 있게 된다.

MTM, 결코 거창하고 복잡하지 않다. 힘들고 지칠 때 가장 좋은 방법은 나를 힘들게 하는 생각에서 벗어나는 것이다. 걱정, 근심을 키우는 대신 어딘가 집중할 대상이 필요하다. MTM이 그 역할을 할 수 있다. 물론 요즘 널리 알려진 호흡명상도 좋은 방법이다. 하지만 속이 시끄러울 때는 눈을 감고 호흡을 바라보다 또다시 망상에 빠질 확률이 높다. 이럴 때 모양·색깔, 냄새, 소리, 맛, 감촉 등 다양한 요소가 있는 차를 명상 도구로 사용하면 망상에 빠질 확률이 현저히 줄어든다. 찻잎 모양과 색깔, 찻잎의 향기, 물 끓는 소리, 찻잔에 떨어지는 물방울 소리, 부드러운 차의 맛과 찻잔에서 느껴지는 따뜻한 감촉 등 차를 마시면서 만나게 되는 다양한 대상을 알아차리는 것만으로도 걱정, 근심에서 벗어날 수 있다.

MTM은 차를 준비하고 우리고 마시면서 눈, 귀, 코, 혀, 몸, 생각이라는 6가지 감각기관을 통해 만나게 되는 대상에 주의를 기울여 관찰하는 데에서 시작한다. 즉 마음챙김(주시)을 통해 감각 대상을 있는 그대로 알아차리는 것이 중요하다. MTM은 지금 여기에 머무르면서 내 마음을 쉬게해주는 치유의 요소가 무궁무진하다. 또 MTM은 차를 마시는 행위에 초점을 맞추는 것이 아니라 차를 마시며 느끼는 감각과 마음을 알아차리는 데 초점을 맞춘다. 알아차리는 힘이 강해지면 대상과 하나가 되어 현재에 머물 수 있게된다.

이 책은 모두 4개의 장으로 이루어져 있다. 1장에서는 MTM을 시작하기 전에 알아두면 도움이 될 명상과 차에 대한 기초 지식을 다루었다. 명상이 무엇인지, 왜 차가 명상에 등장하는지, MTM은 무엇인지 간략하게 설명하고 있다. 2장은 MTM의 핵심 도구인 차의 의미와 차의 종류, 차의 유익한 성분, 차 마시는 방법 등을 간략하게 다루었다.

차의 기원과 차문화, 녹차의 성분과 효능, 품격 있게 차 마시기 등 찻일(茶事)의 전 과정을 가볍게 설명하고 있다. 3장은 본격적인 MTM 실천 편이라고 할 수 있다. MTM의 기본 과정 따라 하기, MTM의 핵심 요소 살펴보기, MTM의 관찰 대상인 물질의 성질, MTM의 발전 단계별 특징에 대해 다루고 있다. 마지막 4장에서는 MTM을 통해 행복에 이르는 방법을 소개하고 있다. 궁극적으로 MTM이 추구하는 것들, MTM에서 알아차림의 중요성에 대해 알아보고, MTM을 통해 얻게 되는 기적 같은 효과에 대해 다루고 있다.

이 책은 각자의 필요에 따라 순서를 달리해도 좋다. MTM을 어떻게 하는지 궁금하다면 3장을 먼저 보고, 차에 대해 알고 싶다면 2장을 먼저 봐도 무방하다. 명상과 차, MTM에 대한 개념 정리가 필요하다면 1장을, MTM에 대한 이론적인 내용을 더 알고 싶다면 4장을 읽으면 많은 궁금증이 풀릴 것이다.

MTM이 자리잡기까지 많은 분의 도움이 있었다. 올바른 명상의 길로 나아갈 수 있도록 지도해주신 정준영 교수님, 차에 대한 사랑과 열정을 배울 수 있게 해주신 정인오 한국차인연합회 부회장님, MTM의 발전을 위해 함께 노력하고 있는 MTM 연구원들에게 감사의 말씀을 드린다. 이 책을 통해 많은 사람이 나와 같은 경험을 할 수 있기를 바란다. MTM과 함께 심신을 치유하고 더 나아가 행복하기를 바라는 마음이다.

2022. 10. 25

김배호

contents

Chapter 2. all about TEA

1. 차의 기원과 차문화

2. 차 종류에는 어떤 것이 있나요?

3. 전 세계가 인정한 녹차의 성분과 효능

Chapter 3. start MTM

Chapter 4. into MTM

1. MTM이 추구하는 것들

2. MTM에서 알아차림의 역할과 중요성

3. 내가 달라지는 MTM의 기적 같은 효과

before
MTM

차를 준비하고 우리고 마시는 전 과정은 더없이 훌륭한 명상이 될 수 있다.
잠시 생각을 내려놓고 느긋하게 차를 음미하면서
과거와 미래로 끊임없이 방황하는 마음을 '지금 여기'에 잡아놓을 수 있다.

Mindful Tea Meditation   **Chapter one l before MTM**

before
MTM

MTM은 누구나 쉽게 따라 할 수 있는 새로운 스타일의 생활명상이다.
MTM이 어떤 명상인지 알아보기에 앞서 명상이 무엇인지
먼저 살펴보자. 또 요즘 사람들이 명상을 찾는 이유와 현대인에게
MTM이 꼭 필요한 이유도 함께 알아보자.

명상이 뭐예요?

최근 들어 명상 관련 이야기들은 차고 넘칠 만큼 많다. 각종 미디어뿐만 아니라 수많은 SNS에도 명상 관련 영상이 넘쳐난다. 세계적인 유명 스포츠 선수를 비롯해 유명 방송인과 연예인, 세계 굴지의 대기업 총수 등 성공한 많은 사람이 마음을 다스리고 창의력을 계발하는 데 명상의 도움을 받는다고 한다. 마음이 불안할 때, 극한의 스트레스에 시달릴 때, 고도의 집중력을 요구할 때, 평정심을 유지해야 할 때 명상이 큰 힘이 된다고 한다. 또 명상을 통해 지친 몸과 마음을 힐링하고, 욕망과 분노 등으로 감정 조절이 힘들 때 감정을 다스리고, 통찰을 통해 새로운 영감을 얻는다고 한다.

하지만 힐링이나 감정 조절, 창의력 향상이 명상의 궁극적인 목적은 아니다. 명상을 한 문장으로 정의 내리라고 하면 잠깐 멈칫하게 된다. 명상의 목적이나 방법에 따라 다양한 해석이 가능하기 때문이다. 명상(冥想, 瞑想)의 사전적 의미는 '고요히 눈을 감고 깊이 생각함. 또는 그런 생각'이다. 두 눈을 감으면 늘 밖을 향해 열려 있던 시선이 나에게 돌려지고, 눈을 통해 들어오던 많은 정보와 자극이 차단된다. 모처럼 눈을 감고 가만히 있는 것만으로도 마음은 차분해지고 고요해진다. 문제는 이런 상태가 계속 이어지지 못한다는 것이다. 곧 마음은 출렁이고 이에 따라 생각은 꼬리에 꼬리를 물고 이어진다.

현대인들이 명상을 찾는 주된 이유는 심리적 안정과 생리적 안정에 있다고 해도 과언이 아니다. 명상을 통해 몸과 마음이 이완되는 것만으로도 힐링이 된다면 그 역시 대단한 효과이다. 하지만 일시적인 힐링이 행복을 보장해주지는 못한다. 힐링의 단계에서 한 걸음 더 나아가 평상시에도 균형 있는 마음을 유지할 수 있도록 마음의 근력을 키우는게 행복에 가까이 다가가는 길이다. 명상이 그런 힘을 키울 수 있도록 도와준다.

명상은 자신을 있는 그대로 알고자 하는 훈련이라고 할 수 있다. 일상생활에서 우리는 사물을 있는 그대로 보지 못한다. 우리가 가지고 있는 여섯 감각기관인 육근(六根: 눈, 귀, 코, 혀, 몸, 생각)이 항상 밖을 향해 열려 있어서 각각 그 대상인 육경(六境: 형상, 소리, 냄새, 맛, 촉감, 현상)을 만나면 마음이 쉽게 휘둘려 거기에서 벗어나기가 쉽지 않다. 육근을 통해 육경의 형태로 입력된 정보를 존재로 인식하도록 이어주는 마음의 작용이 육식(六識: 안식, 이식, 비식, 설식, 신식, 의식)이다. 간략하게 말하면 근(根), 경(境), 식(識)이 상호작용하지 않으면 우리는 어떤 것도 인식하지 못한다.

육근을 통해 만나게 되는 눈(眼)의 대상인 형상(色), 귀(耳)의 대상인 소리(聲), 코(鼻)의 대상인 냄새(香), 혀(舌)의 대상인 맛(味), 몸(身)의 대상인 촉감(觸), 생각(意)의 대상인 법(法)만으로는 분별이 일어나지 않는다. 육근과 육경의 만남은 아직은 순수한 데이터에 불과하다. 뒤이어 일어나는 사물을 인식하거나 이해하는 마음의 작용인 육식에 의해 다양한 인식을 하며 분별심이 생기는 것이다. 이러한 인식 과정에서 느낌과 관계된 탐욕과 분노와 어리석음을 제거하지 않으면, 지금 이 순간 펼쳐지는 것들을 있는 그대로 보지 못할 뿐만 아니라 현존도 할 수 없게 된다.

이 때문에 감각기관을 통해 만나게 되는 수많은 감각 대상을 명상의 주요 관찰 대상으로 삼아 현재 이 순간에 머무르는 훈련을 하고자 하는 것이다. 육식을 낳는 여섯 가지 근원인 육근을 통해 접촉하는 감각 대상인 육경이 마음에 어떻게 작용하는지 마음이 하는 일을 알아차리는 것이 명상이다.

● **내가 지금 무엇을 하고 있는지 아는 게 명상이다**

명상은 감각 대상에 마음을 보내는 것에서 시작한다. 몸과 마음이 하나가 되는 데에서 출발하는 것이다. 대상에 마음이 있지 않으면 우리는 그 어떤 것도 제대로 알 수 없다. 예를 들어 마음이 다관에 가 있지 않으면 다관의 모양이 어떤지, 감촉이 어떤지, 다관의 물 떨어지는 소리가 어떤지 알 수 없다. 마음이 감각, 느낌과 함께 대상에 있지 않으면 곧바로 다른 대상을 찾거나 망상에 떨어지기 때문이다.

마음은 한순간에 한 곳에만 머물 수 있다. 망상에 빠지는 순간 지금 이 순간에 실재할 수 없다. 망상에 빠지면 주위에서 뭐라고 해도 들리지 않고, 주위에 무엇이 있는지 보이지 않는다. 마음이 없으면 있어도 있는 것이 아니다. 마음을 줄 때만 대상은 비로소 존재한다. 생각과 현존은 공존할 수 없다. 생각이 아닌 자신의 몸과 마음에 주의를 기울일 때만 현존할 수 있다. 즉, 명상은 감각 대상에 주의를 기울여 지금뿐인 이 순간을 경험함으로써 현재에 머무는 힘을 기르는 것이다.

명상은 몸과 마음의 조화를 이루는 작업이다. 몸과 마음을 있는 그대로 아는 과정이다. 명상은 인간의 여섯 감각기관을 통해 들어오는 온갖 자극과 정보에 주의를 기울여 몸과 마음이 어떻게 반응하는지 있는 그대로를 아는 것이다. 눈으로는 보고, 귀로는 듣고, 코로는 냄새를 맡고, 혀로는 맛을 보며, 몸으로는 뜨겁고 차갑고 딱딱하고 부드러운 것을 느끼고, 마음으로는 심상(心像)이 일어나는 것을 안다.

찻잔에 물을 따르기 위해 무심코 다관을 기울이는 행위는 명상이 될 수 없다. 하지만 마인드풀(mindful)이 들어가면 명상이 된다. 다관을 기울일 때 다관에 마음을 보내 주의를 기울이면 그전까지는 깨닫지 못했던 것들을 알게 된다. 손 감각을 통해 전해지는 다관의 단단함, 다관을 기울일 때의 팔의 움직임, 다관에서 떨어지는 물소리 등 미처 깨닫지 못한 많은 것을 알 수 있다. 따뜻한 찻잔을 두 손으로 감쌀 때 찻잔에 온전히 주의를 기울이면 손바닥의 감각을 통해 전해지는 온기와 함께 편안해하는 마음도 알 수 있게 된다. 즉, 몸의 감각 변화뿐만 아니라 마음의 변화까지 알아차리는 훈련을 하는 게 명상이다.

마음을 다루기 위해서는 마음의 특성에 대해 알아야 한다. 마음은 매우 빠르게 움직이며 잠시도 가만히 있지 않기 때문에 마음을 보기가 쉽지 않다. 그래서 명상 초보 단계에서는 의도적으로 대상을 정하여 마음을 대상에 가져가는 훈련을 한다. 이것을 '주의집중 훈련'이라고 하는데, 외적 대상에 대한 집중력이 강해지면 외적 대상에서 내적 대상으로 주의를 옮겨 몸과 마음의 관찰을 시도하게 된다. 즉 마음을 보는 훈련을 통해 지금 이 순간 내 마음이 무슨 일을 하고, 어떻게 반응하고 있는지 알아차리는 것이다.

● **명상은 뇌파를 전환해 심신건강을 돕는다**

명상의 긍정적 효과는 이미 오래전부터 수많은 연구를 통해 입증되었다. 스트레스가 줄어들고, 집중력이 향상되며, 마음이 평온해지며, 긴장이 해소되어 신체적으로 이완되며, 면역력이 강화되어 건강해진다는 등 다양한 긍정적인 결과가 나와 있다. 미국의 심리학자이자 저널리스트인 다니엘 골먼은 *Destructive Emotions*(파괴적 감정)에서 명상을 스트레스 해독제라고 언급하고 있다. 실제로 스트레스 해소에 명상을 활용한 많은 프로그램이 전 세계적으로 좋은 반응을 얻고 있다. 그 가운데 대표적인 프로그램인 MBSR(Mindfulness Based Stress Reduction, 마음챙김에 기반한 스트레스 감소 프로그램)은 매사추세츠대학교 존 카밧진 교수가 1979년에 개발한 후 세계적으로 인정받는 심신건강교육 프로그램이다. 전 세계 720여 개 의료기관에서 보완의학으로 실시되고 있고 우리나라에서도 널리 활용되고 있다. 명상이 스트레스에 취약한 현대인의 생활에 얼마나 깊숙이 들어와 있는지 알 수 있는 대목이다.

명상 상태에서는 마음이 하나로 집중되면 언어적 개념과 사고에 열려 있는 좌뇌의 활동보다 통합적으로 직관력을 열 수 있는 우뇌의 활동이 활성화된다. 그와 동시에 뇌파는 불규칙한 베타(β)파에서 균형 잡히고 진동수가 느린 알파(α)파로 바뀌면서 노르아드레날린 신경과 도파민 신경에

대한 제어가 강해지면서 스트레스와 불안이 감소한다. 또 세로토닌 신경계가 활성화되어 양질의 엔도르핀(뇌나 뇌척수액에서 추출되는 모르핀과 같은 진통 효과를 갖는 물질의 총칭)이 나와 즐겁고 행복한 평정의 마음 상태가 된다.

명상으로 호흡이 깊어지면 산소 흡입량이 많아져 산소 사용량이 가장 많은 뇌에 충분한 산소를 공급할 수 있게 된다. 뇌에 충분히 공급된 산소는 전전두엽까지 깨우게 됨으로써 평소에 생각하지 못하고 관찰하지 못했던 것을 명확히 알게 되고, 창의력이 향상되어 부정적인 사고에서 긍정적인 사고로 변화하게 된다.

명상은 우리의 자율신경계에도 변화를 준다. 자율신경계는 교감신경과 부교감신경으로 나뉘는데, 자율신경은 인체의 오장육부와 호르몬의 원활한 작용에 절대적이다. 또 자율신경의 안정된 작용은 건강하고 편안한 심신을 유지하는 데 필수적이다. 교감신경은 비상시 작동하는 신경으로, 맥박과 혈압, 호흡 등 인체가 짧은 시간에 큰 힘을 발휘하는 데 필요한 작용을 한다. 반면에 소화와 배설, 성 기능 등 긴급하지 않은 작용은 억제한다. 부교감신경은 교감신경과 정반대 작용을 한다. 인체가 건강을 유지하기 위해서는 교감신경과 부교감신경이 서로 조화를 이루어야 한다.

그런데 현대인의 대부분은 교감신경이 우위에 있다. 각박한 생존경쟁에서 과도한 스트레스에 만성적으로 시달리기 때문에 자율신경 질환이 나타난다. 이런 교감신경 우위 상태가 장기간 이어지면 면역력의 저하, 혈압 및 혈당의 상승 등 심각한 질환을 유발한다. 건강한 삶을 위해서는 자율신경의 무게 중심을 교감신경에서 부교감신경 쪽으로 옮겨 와야 한다.

명상은 심신을 이완시킴으로써 자율신경계 중 흥분을 일으키는 교감신경을 억제하고 대신 부교감신경을 활성화한다. 부교감신경의 활성화는 자극을 받았을 때 뇌와 척수에서 분비되는 아드레날린 같은 물질 대신 마음이 즐거울 때 생기는 세로토닌과 같은 물질을 증가시켜 준다. 이렇게 명상은 신체 건강뿐 아니라 긍정적인 마음 상태로의 변화도 가져온다.

● 명상은 특별한 경험을 하는 것이 아니다

명상이라고 하면 무조건 영적 성장과 함께 마음이 고요해지고 편해진다고 생각하는 사람이 많다. 그러나 명상은 있는 그대로를 아는 것이 전부이다. 뭔가 없애거나 특별한 경

힘을 하는 게 명상은 아니다. 오히려 명상을 시작하면서 이제까지 몰랐던 자신을 보며 당황할 수도 있다. 온몸에 축적된 긴장, 초조함, 불안감, 조급함 등 내가 몰랐던 내 모습을 비로소 접하게 된다.

명상 중 만나게 되는 싫은 감정이나 통증, 끊임없이 떠오르는 망상은 알아차림의 대상이지 억압이나 제거의 대상은 아니다. 망상이든 통증이든 싫은 감정이든 그 자체는 나쁜 것도 좋은 것도 아니다. 그저 누구에게나 일어나는 자연스러운 현상에 불과하다. 하지만 이들을 명상을 방해하는 장애물로 인식하는 순간, 그들은 그저 그런 현상이 아닌 특별한 뭔가가 된다. 그들로부터 자유로워지기는커녕 그들에 집착하게 되고 괴로워하게 된다. 억누르거나 없애려고 할수록 그들은 더욱 힘을 발휘하며 우리를 옴짝달싹하지 못하게 한다.

이와 반대로 명상을 통해 특별한 능력을 탐하거나 특별한 경험을 확인하려고 해도 안 된다. 이 역시 탐욕이 만들어내는 에고일 뿐이다. 특별한 경험은 자칫 명상의 발전을 방해하는 걸림돌로 돌변할 수 있다. 모든 것은 끊임없이 변하는데 지나간 경험을 붙잡고 집착하는 모습이 될 수 있기 때문이다. 좋든 싫든 지금 그대로의 자신을 수용함으로써 열린 마음으로 '매 순간을 알아차리는 것'이 전부이다.

명상은 무엇인가 찾아내 분석하는 게 아니다. 몸의 느낌과 감각, 생각과 감정을 판단하지 않고 있는 그대로 바라보는 것이 중요하다. 보이면 볼 뿐이고, 들리면 들을 뿐이고, 느껴지면 느낄 뿐이다. 매 순간 알아차림이 깊어지면 깊어질수록 마음은 고요해지고, '지금 여기'에 머무는 현존을 경험할 수 있게 된다. 하지만 알아차림이 약한 사람은 마음이 어디에 있는지조차 알지 못한다. 명상을 시작하고 얼마되지도 않아 망상에 빠져 생각의 나래를 펼치기 십상이다. 따라서 초보자는 의도적으로라도 대상에 주의를 기울이는 연습을 할 필요가 있다.

MTM   TALK
멍때리기와 명상은 다르다

미국 워싱턴대의 뇌과학자 마커스 라이클(Marcus Raichle)은 사람이 아무런 인지 활동을 하지 않을 때 활성화되는 뇌의 특정 부위들이 있음을 알아내었으며, 이 부위를 디폴트 모드 네트워크(Default Mode Network, DMN)'라고 명명했다. 멍한 상태이거나 몽상에 빠졌을 때 활발해지는 뇌의 영역으로 내측전전두엽피질, 후대상피질, 두정엽피질에 퍼져 있는 신경세포망이 이에 해당한다. 평소 인지 과제 수행 중에는 서로 연결되지 못하는 뇌의 각 부위를 연결해주어 창의성과 통찰력을 높여준다고 알려져 있다.

그 때문인지 최근 들어 멍때리기가 유행이다. 장작불 타오르는 것을 멍하니 바라보는 불멍에서 물 흐르는 소리나 바람 소리를 멍하니 듣는 소리멍, 흘러가는 구름을 멍하니 바라보는 구름멍까지 다양한 멍이 인기를 끌고 있다. 간혹 멍때리기를 명상이라고 생각하는 사람도 있지만 멍때리기와 명상은 다르다. 멍때리기가 비집중에 초점이 맞춰져 있다면, 명상은 집중에 초점이 맞춰져 있다.

멍때리기와 명상의 차이점은 알아차림에 있다. 멍때리기는 대상에 집중하지 않고 스쳐 지나가듯 반응하지 않고 머무는데 반해, 명상은 대상에 마음을 모아 자세히 살펴본다. 몸과 마음에서 현재 일어나는 현상을 편견이나 판단 없이 바라보는 것이다. 즉 멍때리기에는 알아차림이 없고 명상에는 알아차림이 강조된다.

멍때리기가 나쁘다는 이야기는 아니다. 잠깐이라도 뇌에 휴식을 주었다면 그 자체만으로도 의미도 있고 정신건강에 도움이 된다. 다만 멍때리기는 근본적인 문제 해결에는 도움이 되지 못한다. 분명 멍을 할 때는 쉰 것 같은데, 그 시간이 지나면 여전히 달라진 게 없음을 느끼게 된다. 이에 반해 몸의 감각이나 느낌에 마음을 보내 '있는 그대로' 봄으로써 마음의 근력을 키우게 되면 생각으로부터 자유로워질 수 있다. 비로소 진정한 휴식을 취할 수 있게 된다. 멍때리기가 일시적인 스트레스 해소법이라면 명상은 근본적인 스트레스 해소법이라고 할 수 있다. 멍때리기가 수동적 이완법이라면 명상은 능동적 이완법이다. 그리고 능동적 이완을 통해 명상자는 더 성장할 수 있다.

2

왜 차가 명상에 나와요?

차가 명상의 도구가 된다는 사실은 매우 흥미롭다. 도대체 차가 뭐길래 인간의 마음을 다루는 명상의 영역에까지 도구로 사용되는 걸까? 또 오랜 기간에 걸쳐 전 세계로 뻗어나가면서 어떻게 전 세계인의 사랑을 받는 음료가 된 것일까? 차의 놀라운 효능과 매력은 다음과 같다.

차는 수천 년 동안 동서양을 오가며 정치, 경제, 사회, 의료, 예술, 문화, 종교 등에서 중요한 역할을 해왔다. 중국 남서부 지역(지금의 윈난, 쓰촨 지역)에서 처음 발견된 차나무 (*Camellia sinensis*)가 동쪽으로는 중국, 한국, 일본, 서쪽으로는 인도로 퍼져나갔다. 아라비아와 유럽으로는 차 마시는 문화가 퍼져나갔다.

오늘날 차는 전 세계인의 사랑을 받는 커피, 탄산음료, 과즙음료와 함께 대표적인 음료로 사랑받고 있다. 차 가운데에서도 특히 녹차와 홍차가 차 음료의 주류를 이루고 있는데, 유럽에서는 산화발효차인 홍차가 더 인기가 있고 우리나라와 중국 등지에서는 녹차를 즐겨 마신다. 아마도 유럽 사람들에게는 산화발효차인 홍차가 더 입맛에 맞기 때문인 것 같다.

그러나 차의 본바탕은 누가 뭐라고 해도 녹차라고 할 수 있다. 또 차의 정신문화의 중심은 동양, 그중에서도 차의 원조라 할 수 있는 중국과 중국에서 차를 받아들여 독특한 차문화를 발전시킨 한국과 일본이라고 할 수 있다.

● 전 세계가 차의 효능과 매력에 흠뻑 빠졌다

차의 효능은 차의 역사만큼이나 오랜 기간에 걸쳐 검증되었다. 조선의 명의 허준은 『동의보감』에서 차를 '영약(靈藥)'이라 하여 그 약효를 극찬하였고, 최근에는 WHO(국제보건기구)가 미국 시사주간지 「타임」과 함께 세계 10대 건강

식품으로 녹차를 선정하기도 했다. '생명의 차'라고도 불리는 녹차는 신체의 건강뿐만 아니라 정신 건강에도 큰 도움을 준다고 인식되면서 인류의 건강과 정신에 도움이 되는 새로운 음료로 주목받고 있다.

최근 들어 우리나라에서도 차에 대한 인식이 많이 달라졌다. 단순한 기호 식품에서 몸과 마음을 치유해주는 건강·힐링 식품으로 자리를 잡아가고 있다. 차에 있는 테아닌(Theanine) 성분이 몸과 마음을 이완시켜주며, 차에 함유된 카페인이 커피의 카페인과는 달리 서서히 체내에 흡수되어 카페인의 부정적 효과는 최소화하면서 정신을 맑게 해주는 효과가 있기 때문이다. 이밖에도 스트레스 완화와 기분 전환에 효과적이라는 입소문을 타고 차를 즐기는 사람이 늘고 있다. 더 나아가 건강과 다이어트에도 효과가 있다고 밝혀지면서 젊은 사람들 사이에서 빠른 속도로 퍼지고 있다.

차의 매력은 다양한 맛과 효능뿐만 아니라 천천히 음미하며 삶의 여유와 격조를 누릴 수 있다는 데 있다. 차가 갖는 느림의 미학은 현대인들이 차를 즐기는 또 하나의 이유이기도 하다. 차를 준비하고 마시는 동안 저절로 몸과 마음이 이완되면서 느긋한 여유를 가질 수 있기 때문이다. 짧은 시간이지만 시간에 쫓기는 삶에서 벗어나 평화로움과 여유가 가져다주는 소소한 행복을 맛볼 수 있다. 이런 여유로움은 경쟁과 시간에 쫓기는 바쁜 현대인에게 숨 쉴 수 있는 마음의 공간을 만들어준다.

차는 마음공부와 밀접한 관련이 있다

차와 마음 수행은 오래전부터 함께해 온 특별한 관계이다. 차는 단순한 음료가 아닌 깨달음의 도구로 사용되어왔다. 세계 최초의 차 전문서 『다경(茶經)』을 집필한 당나라의 육우(陸羽, 733-804)는 차를 일컬어 하늘의 뜻을 깨달을 수 있는 심오한 음료이지만, 자기 수행을 하지 않고는 다가갈 수 없다고 했다. 차 생활을 통한 수련이야말로 몸과 마음을 온전하게 하나로 만드는 행위라고 보았다. 다도(茶道)라는 용어를 문헌상에 최초로 사용한 당나라 때 승려이자 육우의 지기(知己)인 석교연(釋皎然, 704~785)도 차 마시는 이유를 들어 차의 명상적 기능을 기술하고 있다. "한 번 마시면 혼미함을 씻어 마음과 생각의 상쾌함이 천지에 가득하고, 두 번 마시면 정신이 맑아져서 홀연히 비를 뿌려 티끌을 가벼이 씻어내는 듯하고, 세 번 마시면 문득 도를 깨쳐 어떤 괴로움이나 번뇌도 닦아준다."

조선 시대의 이목(李穆, 1471-1498) 역시 『다부(茶賦)』에서 차의 5가지 공과 6가지 덕에 대해 언급하며 차의 명상적 기능을 기록하고 있다. 5가지 공이란 독서에 열중할 때 목마름을 풀어주고, 답답한 가슴의 울분을 풀어주며, 손님과 예를 지켜 정을 돋우고, 독을 없애 소화를 도우며, 숙취에서 깨어나게 한다. 6가지 덕이란 오래 살게 하고, 병을 낫게 하고, 기운을 맑게 하고, 마음을 평안하게 하고, 사람을 신령스럽게 하고, 사람으로 하여금 예를 갖추게 한다. 이처럼 차가 몸을 건강하게 해주고, 마음 수행에 많은 도움을 주고 있음이 오랜 기록들에 남아 있다.

이처럼 차를 마시는 행위는 기호 음료를 마시는 것 이상의 의미가 있다. 물을 끓이고, 잘 끓은 물에 차를 우려 맛있게 마시는 평범하고 일상적인 취미생활이지만, 이를 통하여 마음을 다스릴 수 있기 때문이다. 차의 정신은 차 생활을 통해 자연스럽게 느낄 수 있는 내면적 가치이자 덕목이다. 하지만 마음을 닦는 요소가 결여해 있다면 차는 단순히 기호 식품에 불과하며 그저 생각나면 마시는 음료수에 지나지 않을 것이다.

차는 여럿이 마시며 함께 즐기는 것도 좋지만 혼자서 마시는 것이 제격이다. 홀로 고즈넉하게 차를 마시면 색다른 즐거움이 있다. 차를 마시기 위해 물을 끓이고, 다호(茶壺: 차를 담아두는 단지)에서 차를 꺼내 다관(茶罐: 찻주전자)에 담고, 물을 식히고 차를 우려내고 마시는 모든 과정을 통해 마음은 넉넉해지고 정신이 맑아지며 고요한 기쁨의 시간을 갖게 된다. 이따금 맛있게 차를 우려내고는 혼자 미소를 머금고 성성하게 깨어 있기도 한다.

차를 즐기는 생활이 단순한 일상적인 행위를 넘어 여러 유익한 작용과 부수적으로 얻어지는 좋은 영향들에 의해 마음공부의 도구로 활용될 수 있다. 차는 마음공부와 밀접한 연관이 있어 차의 정신은 곧 명상과 직접 연결된다. 이처럼 차를 마시며 마음을 보는 힘을 기르면 일상생활 속에 흔한 동작들도 모두 알아차림의 대상이 될 수 있고, 명상은 생활 전반으로 확대될 수 있다. 결국, 우리의 생활이 명상이 되고 명상이 곧 생활이 되는 이상적인 삶의 방식을 이룰 수 있다.

MTM이 뭐예요?

MTM은 Mindful Tea Meditation의 약자로, '마음챙김 차명상(차에 마음을 두어 알아차리는 명상)'을 일컫는다. 단순히 차를 마시며 여유를 즐기는 것에 그치지 않고, 차를 우려내고 마시는 일련의 과정에서 나타나는 몸과 마음의 반응에 주의를 기울이고, 가능한 오래 머물며 그 상태를 알아차리는 것이다. 물이 끓을 때는 물 끓는 소리, 물방울이 뽀글거리며 올라오는 모양에 주의를 기울이고, 찻물 따를 때는 손에 느껴지는 다관의 단단함이나 무거움, 팔의 움직임, 쪼르르 떨어지는 찻물 소리, 찻물이 떨어지면서 만들어내는 물거품과 잔물결 등에 주의를 보내 '있는 그대로' 아는 것이 전부이다. 차를 마실 때도 우려진 차의 색깔, 향, 맛, 온도 등에 주의를 기울이며 몸과 마음이 경험하는 현상들을 '있는 그대로' 알아차리는 훈련을 반복한다. 한마디로 차라는 도구를 통해 마음과 대상이 하나가 되는 힘을 기르고, 이를 통해 생각이 아닌 현재 이 순간에 머무는 '마음의 근력'을 키우는 것이다.

● 차명상과 MTM은 같은 듯 다르다

MTM이 일반 차명상과 다른 점은 마인드풀(mindful)에 있다. 기존의 차명상이 몸과 마음의 이완을 통해 심신의 안정과 예절, 건강증진에 중점을 둔다면, MTM은 한 걸음 더 나아가 매 순간 마음챙김을 통해 알아차림하는 과정에 중점을 둔다. 차를 우려내고 마시는 일련의 과정들을 예법이나 기술적 측면에서 진행하기보다는 마음을 조용히 가라앉히고 한 동작, 한 동작에 주의를 기울이고(attention), 나타나는 느낌과 현상에 머물러(mindfulness) 알아차리는(awareness) 과정의 반복이다. 다구(茶具)를 다룰 때 몸은 어떻게 움직이는지, 차를 다룰 때 내 감각과 느낌은 어떤지, 느낌이 일어날 때 마음은 어떻게 변하고, 반응하는지 매 순간 들여다보며 알아차림을 이어간다.

MTM의 이해를 높이려면 마인드풀(mindful)의 의미를 살펴볼 필요가 있다. mindful은 mind(마음)＋ful로, 사전적 의미는 '~을 염두에 두는', '~에 관심을 기울이는', '~에 의도를 갖는', '~에 주의를 기울이는', '잊지 않는' 등이 있다. 요즘 명상과 동의어처럼 사용되는 마인드풀니스(mindful+ness) 역시 마음챙김, 알아차림, 주의집중 등으로 번역해서 사용하고 있다.

참고로 마인드풀은 사띠(sati)라는 불교 용어에서 유래했는데, 사띠는 크게 두 가지 의미로 사용된다. 하나는 '기억' 한다는 의미이고, 다른 하나는 지금 현재에 나타나는 현상에 '마음을 두어 자세히 살피는 것을' 말한다. 즉 사띠는 현재의 순간에 나타나는 현상을 아무런 판단 없이 의도적으로 주의를 기울이는 심리적인 과정으로도 설명되고 있다.

하지만 MTM을 너무 거창하게 생각할 필요는 없다. 짧은 시간이라도 짬을 내 차라는 대상에 주의를 기울이며 차와 함께하면서 선입견이나 판단, 집착을 내려놓고 오로지 지금 이 순간에 느낄 수 있는 감각을 알아차리면 된다. 처음에는 대상과 하나 되는 일이 힘들 수도 있다. 그러나 편

안한 마음으로 반복하다 보면 자연스럽게 몸과 마음은 이완되고, 이완된 마음은 대상을 가까이 마주할 수 있게 하는 바탕이 되어 준다.

이 때문에 어떤 사람은 MTM을 편안히 쉴 수 있는 나만의 힐링 타임이라고 하고, 어떤 사람은 생각 없이 집중하고 몰입하는 시간, 내가 나에게 마음속 편지를 쓰는 느낌이라고 한다. 저자 역시 MTM은 '진짜 나를' 만날 수 있는 나만을 위한 시간이라고 생각한다. 가족이나 주위 사람들에게 보내던 시선을 거두고 오로지 나의 몸, 나의 감각, 나의 마음을 바라보며 나와 함께하기 때문이다.

MTM TALK
마음챙김과 알아차림은 하나처럼 붙어다닌다

MTM에서 가장 중요하면서도 가장 많이 등장하는 단어가 마음챙김과 알아차림이다. 빨리어로는 사띠(sati)와 삼빠잔냐(sampajañña)라고 한다. 둘은 분명 다른 뜻이지만 하나처럼 붙어 다니기 때문에 간혹 이 둘을 하나처럼 혼용해 쓰기도 한다. 하지만 마음챙김과 알아차림은 분명 다르다. 마음챙김은 대상에 주의를 기울여 들여다보는 것이고, 알아차림은 그 상태를 있는 그대로 아는 것이다. 예를 들어 물이 끓는 것을 주의 깊게 들여다보며 있는 그대로 알아차림 하라고 할 때 대상에 주의 깊게 들여다보는 것이 마음챙김(주시)이고, 그 상태를 있는 그대로 아는 것이 알아차림이다.

초기불교 학자인 정준영은 『있는 그대로』에서 주시[마음챙김]와 알아차림에 대해 다음과 같이 설명하고 있다. "대상에 마음을 모아 자세히 살펴보는 것. 즉 몸과 마음에서 현재 일어나는 현상을 편견, 관념, 판단 없이 조급하거나 느슨하지 않은 균형 잡힌 마음으로 바라보는 것이 주시(sati)이다. … 주시를 지속하면 그 현상에 대한 분명한 앎이 일어나는데 이를 일러 알아차림(正知)이라고 한다." 정준영은 마음이 대상에 밀착해 있는 상태를 주시라고 하고, 그 밀착된 대상을 아는 상태를 알아차림이라고 설명하고 있다.

그렇다면 마음챙김과 알아차림은 어떤 관계일까? 한마디로 떼려야 뗄 수 없는 관계이다. 마음챙김이 있으면 알아차림이 있고, 알아차림이 있으면 반드시 마음챙김을 수반한다. 정준영은 "알아차림은 주시와 거의 동시에 일어나며 상호 보완적이다. 주시가 있으면 알아차림이 있고, 알아차림이 있으면 반드시 주시를 수반한다. 주시가 대상에 대해서 순간순간 놓치지 않는 마음 작용이라고 한다면, 알아차림은 대상에 대한 분명한 파악을 의미한다. 또 알아차림은 주시와 지혜 사이에서 교량 역할을 한다."고 설명하고 있다. 지혜를 얻기 위해서는 반드시 주시를 통해 알아차림이 있어야 한다는 의미이다.

이처럼 마음챙김과 알아차림은 세트처럼 붙어다닐 뿐만 아니라 지혜를 얻는 데 꼭 필요한 조건이다. 하지만 굳이 마음챙김과 알아차림을 구분하려고 애쓸 필요는 없어 보인다. 대상을 바라보고 자세하고 빈틈없이 주시하면 알아차림은 자연스럽게 일어나고 지혜와 연결된다. 만약 이들을 의도적으로 구분하려고 하면 오히려 망상이 될 것이다.

MTM의 목적은 매우 소박하다. 이완과 휴식을 원하는 사람 누구나 손쉽게 따라 할 수 있고, 그 안에서 힐링을 얻는 것이다. 특히 쫓기듯 사는 현대인들에게 숨 쉴 수 있는 마음의 공간을 마련해주는 것이다. 그러기 위해서는 오롯이 현재 이 순간에 머무는 훈련이 필요하다. 지난 과거를 후회하거나 오지 않은 미래를 걱정하던 습관에서 벗어날 수 있도록 매 순간 대상에 주의를 기울인다. 차를 마시면서 몸의 감각과 느낌, 마음의 반응을 있는 그대로 알아차리는 연습을 하게 된다.

MTM을 통해 온갖 불안과 걱정을 만들어내는 부정적인 생각이 끼어들 수 없도록 차라는 대상에 집중하게 되면, 자기도 모르는 사이에 현재에 머물며 있는 그대로를 받아들이게 된다. 어떤 느낌이 일어나든 있는 그대로 받아들이면 그 현상은 그 자체로 나타났다 사라짐을 알 수 있게 된다. 즉, MTM을 통해 몸과 마음에서 일어나는 현상을 편견이나 판단 없이 느긋하고 균형 잡힌 마음으로 바라보는 힘을 키우는 것이다. 더 나아가 그것을 우리의 일상생활에서도 적용함으로써 알아차림이 일상화되고, 명상이 일상화됨으로써 삶이 점차 행복해지길 바라는 것이다.

MTM의 핵심은 명료하다. '지금, 여기에' 머무는 것이다. 차를 준비하고 우리고 마시며, 눈, 코, 귀, 입, 촉감을 통해 느껴지는 그 자체를 마음챙김하면서 있는 그대로 아는 것이다. 지금 여기에 머무는 힘을 키우는 것이다. 지금 경험하는 어떤 것도 판단하지 않고 수용하면서 현재 자신의 일상에 주의를 기울이면서 우리가 무의식적으로 행하던 일들을 온전히 경험하는 것이다.

MTM의 목적과 핵심만 기억한다면 우리가 거창하고 어렵다고 생각했던 명상을 한결 쉽게 접근할 수 있다. MTM은 격식보다는 차와 관련해 만나게 되는 모든 감각 대상을 관찰 대상으로 삼는 명상이다. 궁극적으로 때와 장소를 구분하지 않고 언제 어디서든 차와 물만 있으면 할 수 있는 생활명상인 것이다.

심신 이완에 탁월한 효능이 있다

MTM의 첫 번째 단계는 이완이다. 긴장한 상태에서는 몸과 마음을 제대로 볼 수 없기 때문이다. 긴장에는 마음을 가다 들어 정신을 바짝 차린다는 긍정적 의미도 있지만, 몸의 지속적인 수축 상태 혹은 평온하지 않은 상태를 일컫는 부정적 의미가 크다. 명상도 예외가 아니다. 뭔가 이뤄내겠다는 욕심 때문이든 걱정 때문이든 분노 때문이든 마음이 편치 않은 긴장 상태에서는 아무것도 얻을 수 없다. 긴장을 해소하지 않은 채 명상을 강행하면 긴장은 더 강화되어 마음이 하는 일을 보는 데 방해만 될 뿐이다.

MTM을 할 때는 지금까지의 습관을 내려놓는 일이 무엇보다 중요하다. 사회생활을 하듯 너무 잘하려고 애쓰지 말고, 빠른 성과를 위해 조급해하지 말고, 남과 비교하지 말아야 한다. 오로지 자신에게 집중하며 느긋하고 편한 마음으로 주의를 기울이는 데 초점을 맞춘다. 그러다 보면 자연스럽게 몸과 마음이 이완된다.

MTM에서 이완을 중요하게 생각하는 것은 이완 없이는 제대로 된 명상을 할 수 없기 때문이다. MTM을 하다 보면 이제까지 몰랐던 긴장한 자신의 몸과 마음을 보게 된다. 한 번도 자신의 몸과 마음에 관심을 기울인 적이 없어 긴장하고 있다는 사실조차 모르고 사는 사람이 대부분이다. 어금니를 꽉 물고 있는 턱, 단단하게 뭉친 어깨, 조이듯 답답한 가슴, 뻣뻣한 목 등 긴장된 몸과 마음이 힘들다고 소리치고 있음을 비로소 인지하게 된다.

차와 함께하는 일련의 MTM 과정을 통해 긴장은 자연스럽게 풀린다. 긴장이 풀린다는 의미는 기대나 불안으로부터 자유로워짐을 의미한다. 뭔지 모를 불안과 걱정에 불편했던 마음도 차츰 가라앉기 시작한다. 화, 분노, 불안, 걱정, 미움 등으로 들떴던 마음들이 차분하게 가라앉으면 비로소 많은 것이 보이기 시작한다. 이제야 명상에 들어갈 수 있는 조건이 이루어진 것이다. 이 때문에 이완을 MTM의 첫 번째 단계이자 목표로 설정하는 것이다.

● MTM의 장점과 매력은 상상 이상이다

MTM은 차 자체 성분에 있는 이완 효능과 마음챙김(mindful)이라는 명상의 핵심 요소를 결합해 만든 명상 프로그램이다. 차의 장점에 명상의 핵심 기능인 마음챙김(주시)을 결합한 만큼 쉬우면서도 즉각적인 효과가 뛰어나다. 예를 들어 화, 의심, 들뜸, 욕망 등으로 마음이 시끄러울 때는 눈을 감고 앉아 있어도 온갖 망상에 시달리기 쉽다. 마음을 보는 일이 힘들 때 차라는 대상에 마음을 보냄으로써 시끄러운 마음에서 한 발짝 떨어져 나올 수 있는 MTM이 더 효과적일 수 있다.

MTM의 최대 장점은 누구나 손쉽게 시작할 수 있다는 것이다. 명상을 배우고 싶어도 시간적으로나 심리적, 경제적으로 부담스러워 망설이는 사람들에게 추천할 수 있는 만만한 명상이다. 굳이 바쁜 시간을 쪼개어 명상센터를 찾지 않아도 되고, 차와 몇 가지 도구만 있으면 큰돈 들이지 않고도 얼마든지 할 수 있다. 심지어 일회용 티백으로도 가능하다. 집, 카페, 직장 어디든 마음과 차만 있으면 가능하다. 게다가 MTM은 누구나 쉽게 따라 할 수 있다. 고도의 스킬도 필요 없고 나와의 싸움도 필요 없다. 찻일을 하며 매 순간 주의를 기울여 관찰하는 게 전부이다. 녹차가 아니더라도 허브차, 꽃차, 전통차, 커피 등 내가 원하는 어떤 차라도 마시면서 이완과 집중이라는 선물을 얻을 수 있다.

모처럼 여유를 갖고 제대로 돌보지 못한 나에게 사랑과 관심을 보내보자. 차 향기가 내 몸을 얼마나 이완시키는지, 찻물 소리가 내 마음을 얼마나 맑게 해주는지 내 몸과 마음에 관심을 가지고 알아차리기만 하면 된다. 이렇게 가볍게 시작하지만 꾸준한 반복을 통해 달라지는 자신을 발견하게 된다.

MTM의 장점 가운데 이완과 깨어 있음을 빼놓을 수는 없다. MTM을 하게 되면 곧바로 명상수행에 들어갈 때보다 쉽게 이완이 된다. 마치 본격적인 수행 작업에 앞서 몸과 마음을 이완시켜주어 수행이 잘되도록 사전 작업을 하는 것과 같다. 차 자체에 있는 이완 기능과 차 마시는 일련의 과정에 마음을 보내 주의를 기울임으로써 자연스럽게 욕심을 내려놓고 온전히 감각 대상의 느낌을 접하며 자연스럽게 이완이 된다.

별것 아닌 것처럼 보이는 단순한 차 마시기가 명상 도구로 더없이 훌륭하다는 사실은 직접 경험해 보면 알 수 있다. 선입견이나 판단을 통해 자신도 모르는 사이에 생각에 빠져들곤 하는 습관에서 벗어나 지금 이 순간에 머물게 해준다. 생각이 만들어낸 가상세계가 아니라 감각이나 느낌을 통해 현재를 있는 그대로 경험할 수 있게 된다. 과거와 미래, 후회나 걱정과 불안을 오가는 생각들을 잠시 멈추고 차를 마시며 이완된 몸과 마음으로 감각의 대상에 의도적으로 주의를 보냄으로써 늘 깨어 있을 수 있게 된다.

MTM의 또 다른 장점은 감각을 통해 알아차릴 수 있는 분명한 요소가 많다는 것이다. 처음부터 마음을 볼 수 있다면 좋겠지만, 마음은 원숭이처럼 이곳에서 저곳으로 정신없이 돌아다닌다. 잠시도 가만히 있지 못하는 마음을 한 곳에 잡아두기란 여간 힘든 일이 아니다. 하지만 의도적으로라도 감각 대상에 주의를 기울이는 연습을 거듭하다 보면 마음을 바라보는 힘이 생긴다. 차는 모양, 색깔, 향, 맛, 온도, 감촉 등을 보고 듣고 맡아보고 맛보고 느끼기에 더없이 좋은 도구이기 때문이다. 인간의 오감을 자극하는 다양한 요소에다 주변에서 쉽게 구할 수 있는 편리함까지 있어 누구나 쉽게 접할 수 있다.

MTM의 가장 큰 장점이자 매력은 뭔가 꼭 이루겠다는 마음을 내지 않아도 된다는 것이다. 차를 마시며 끊임없이 변하는 현상들을 알아차리는 것만으로도 충분하기 때문이다. 그리고 차를 마시는 행위 안에는 수많은 관찰 대상이 존재한다. 차를 마시면서 몸의 움직임이나 마음의 의도, 맛볼 때의 느낌 등 일상생활에서 경험할 수 있는 수많은 행위가 다 들어있어 분명한 알아차림을 할 수 있다. 굳이 애쓰지 않아도 되는 MTM은 현대인에게 쉽고 친근하게 만날 수 있는 최고의 생활명상이다.

현대인에게 MTM은 마음치료제이다

MTM은 몸과 마음을 치유해주면서 동시에 실용적인 면까지 가지고 있어 현대인이 일상 속에서 늘 함께할 수 있는 뛰어난 조건을 갖추고 있다.

첫째, MTM은 긴장 해소에 뛰어난 효과가 있다. 남들과의 경쟁, 속도와의 전쟁 등 긴장에서 벗어날 수 없는 현대인에게는 무엇보다 긴장을 풀어줄 뭔가가 필요하다. 정신적 긴장이든 신체적 긴장이든 긴장을 하게 되면 몸의 근육들이 뭉치거나 움츠러진다. 이때 이완 효과가 뛰어난 차를 이용한 MTM을 하면 몸도 마음도 말랑말랑해진다. 잠시 생각을 내려놓고 온전히 차 마시기에 집중하면 심각했던 일조차 별일 아닌 것처럼 거리 두기가 가능해진다.

둘째, 온갖 스트레스에 불면증, 공황장애 등으로 고생하는 현대인들에게 MTM은 신경을 안정시켜주는 효과가 있다. 차 자체에 신경을 안정시켜주는 유익한 성분이 함유되어 있을 뿐 아니라 명상을 함께함으로써 스트레스 해소에 도움을 주어 정신건강 면에서도 큰 효과를 얻을 수 있다. 차와 명상을 결합한 MTM은 시간에 쫓기는 현대인들에게 효율적인 심신건강 관리법이다. 30분 정도의 투자로 몸과 마음의 이완을 경험할 수 있다. 또 스트레스를 쌓아두지 않고 그날그날 해소함으로써 신체적으로 정신적으로 건강해질 수 있다.

셋째, MTM은 명상에 관한 잘못된 선입관이나 부담에서 벗어날 수 있게 해준다. 명상이라고 하면 흔히 조용한 곳에서 가부좌를 틀고 오랜 시간 심각한 마음가짐으로 해야 한다고 생각하는 사람이 많다. 하지만 MTM은 차만 있으면 언제, 어디서나 할 수 있다. 명상을 너무 거창하게 생각하거나 어렵게 생각할 필요는 없다. 굳이 좌선을 고집하지 않더라도 일상생활 속에서 내가 지금 무슨 일을 하고 있는지 알아차릴 수만 있다면 그것이 바로 명상이고, MTM이다. 명상에 정해진 시간은 없다. 시간에 쫓기는 현대인들도 바쁜 일상 속에서 짬짬이 시간을 내서 얼마든지 할 수 있다. 비록 짧은 시간이라도 잠시 생각을 멈추고 이 순간에 머무를 수 있다면 제대로 된 명상을 하는 것이다.

넷째, MTM은 온갖 자극에 노출되어 정서적으로 불안하고 산만한 현대인들에게 진정제 같은 프로그램이다. 차가 갖는 모양이나 색깔, 향기, 소리 등 다양하고 분명한 대상이 있어 자연스럽게 대상에 주의를 기울임으로써 망상에 빠지지 않게 된다. 찻잎의 형태와 색을 눈으로 감상하고,

찻잔에 차를 따를 때의 소리에 마음을 두고, 차의 은은한 향을 맡으며, 따뜻한 찻잔의 온기를 느끼고, 차를 한 모금 머금으며 입안으로 퍼지는 차의 맛을 느끼면서 모든 감각에 집중할 수 있다. 이렇게 자신의 감각에 온전히 집중하다 보면 쉽게 MTM을 즐길 수 있고, 꾸준히 지속하다 보면 알아차림이 좋아진다. 또 움직임 하나하나에 알아차림을 지속하다 보면 자연스럽게 산만함이 사라진다. 들떴던 마음도 차분히 가라앉게 된다.

다섯째, MTM을 하게 되면 잠시 멈춤이 가능해진다. 빠르게, 바쁘게 움직이는 현대인들에게 MTM은 짧은 시간이지만 불안이나 걱정, 분노 등 온갖 생각을 멈추게 해주는 힘이 있다. 따뜻한 찻잔을 감싸 들고 그 느낌을 있는 그대로 느끼고, 찻잔을 코끝에 대어 은은한 향을 맡고, 다시 입술로 가져가 한 모금 마시는 등 감각 하나하나를 세심히 느끼는 과정에서 잠시나마 온갖 부정적인 생각과 망상의 확장을 멈출 수 있다.

여섯째, 무의식적으로 반응하며 행동하는 습관에서 벗어날 수 있다. 느낌, 감각 하나하나에 주의를 기울이다 보면 나도 모르게 천천히 움직이게 되고 급했던 마음은 온데간데없이 사라지고 차분해진다. MTM을 하는 동안에는 모든 움직임이 느린 화면을 보듯 느려지면서 동작 하나하나를 바라볼 수 있게 된다. 무의식적으로 하던 행동들도 가까이 들여다보며 놓치지 않고 볼 수 있게 된다. 무의식적인 행동이 아닌 알아차림이 유지된 행동으로 순간순간에 집중할 수 있게 된다.

일곱째, 수많은 생각에 시달리는 현대인에게 MTM은 피난처가 될 수 있다. MTM이 익숙해지면 차의 맛과 향, 촉감을 느끼면서 알아차렸던 그 경험을 일상에서도 그대로 적용할 수 있다. 식사할 때 음식 씹는 소리, 반찬의 맛과 냄새, 물컵을 들어 올릴 때의 감각까지 알아차림을 유지하게 된다. 손을 씻을 때도 비누 향과 비누 거품, 손을 비빌 때의 감촉 등 생활 속 모든 것이 알아차림의 대상이 된다. 자기도 모르는 사이에 마음을 바라보는 힘이 강해지고, 생각으로부터 자유로워지게 된다. 짧은 시간이라도 매일 반복하다 보면 긍정적인 변화로 삶을 이끌게 될 것이다.

● MTM은 행복의 본질에 다가가게 해준다

우리가 명상하는 이유는 오늘이 어제보다, 내일이 오늘보

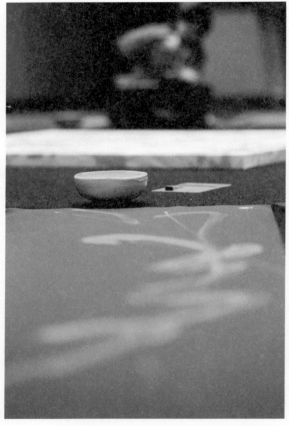

ⓒ 곽용섭

다 조금 더 편안하고 행복했으면 하는 바람 때문이다. 명상은 결코 딴 세상 이야기가 아니다. 이제까지 잘 몰랐던 나를 알아가는 과정이며 더불어 행복하게 사는 법을 배우는 것이다. 내 삶의 주인공이 나이며, 내가 어떻게 살고 있는지, 내가 지금 무슨 일을 하고 있는지, 내가 어떻게 하면 행복해질지 알아가는 과정인 것이다.

영적 깨달음을 추구하는 정통 명상과 달리 MTM은 일상생활의 행복을 추구하는 새로운 개념의 명상이다. MTM의 가장 큰 선물은 일상생활에서 행복해지는 법을 찾아가는 것이다. 그렇다면 우리가 행복하지 못한 이유는 무엇일까? 행복하지 않은 원인을 찾아내면 행복에 이르는 방법도 찾을 수 있지 않을까? 현대인들이 행복하지 못한 이유 중 하나는 쫓기듯 사는 바쁜 생활이다. 내가 뭘 하고 있는지, 내가 왜 힘든지 살펴볼 시간조차 없을 만큼 매일 매일 쫓기듯 바쁘게 살아가고 있다. 그 때문에 늘 쉬고 싶다는 말을 입에 달고 살지만 공허한 외침뿐이다. 지칠 대로 지쳐 방전된 몸과 마음에 생기를 불어넣는 데에는 MTM이 큰 도움이 된다.

진짜 나를 만나기

MTM의 선물 중 하나는 '진짜 나'를 만날 수 있다는 것이다. 혹자는 진짜 나라고 하는 게 뭔가 의구심을 갖는 사람도 있을 것이다. 진짜 나라고 하는 것은 있는 그대로의 나를 의미한다. 하지만 안타깝게도 대부분은 진짜 자기 모습을 볼 수 없다. 온통 생각에 휩싸여 자신을 볼 수 없기 때문이다. 단 5분이라도 아무런 생각 없이 나에게 집중할 수 있는 사람이 얼마나 될까? 사람들 대부분은 온갖 망상을 하며 시간을 보내고 있다. 아니 망상을 하고 있는지조차 모른 채 망상에 끌려다니고 있다.

잠시 쉬기 위해 두 눈을 감고 가만히 있으면 마음이 고요해지는 것이 아니라 온갖 일들이 연속적으로 떠오르며 망상에 빠지게 된다. 잠시라도 아무런 생각 없이 힘을 빼고 자신을 들여다보는 게 너무 힘들다는 사실에 놀라게 될 것이다. MTM은 이런 현대인에게 자신의 진짜 모습을 들여다보게 만든다. 얼마나 초조하게 살고 있는지, 얼마나 급한지, 얼마나 성과 위주의 삶을 살고 있는지 있는 그대로 볼 수 있게 해준다. MTM은 매 순간 몸과 마음이 함께하면서 자신이 무엇을 하고 있는지, 몸과 마음이 어떻게 변화하고 있는지 살펴보게 해준다.

내 마음 직면하기

MTM의 빼놓을 수 없는 또 다른 선물은 치유의 힘을 얻는 것이다. 현대인들은 정말 많은 스트레스와 불안 속에서 살고 있다. 문제는 불안과 스트레스가 해소되지 않은 채 계속 쌓이게 되면 몸의 건강뿐만 아니라 마음의 건강에도 적신호가 켜진다. 사소한 일에도 분노를 표출하고, 인간관계에도 부정적인 영향을 끼친다. 사람들은 몸이 아프면 병원을 찾아 문제를 해결하려고 하지만 마음이 아프면 일단 무시하는 경향이 있다. 심한 경우 마음이 아픈지조차 알지 못한다. 자신의 마음을 들여다보는 방법도 모르고, 들여다볼 만큼 여유롭지도 못하기 때문이다. 그렇게 마음의 병을 키우곤 한다.

역설적으로 현대인들이 겪는 수많은 문제의 해결은 내 마음을 직면하는 데에서 시작할 수 있다. 바쁜 생활을 하는 현대인들의 특징 중 하나는 몸과 마음의 소리에 귀 기울이지 않는다는 것이다. 스트레스가 일어날 때, 불안과 분노에 휩싸일 때, 몸과 마음이 전하는 고통의 소리를 외면하기 일쑤이다. 몸과 마음이 버티다 못해 쓰러지면 그제야 후회하는 게 다반사이다. 이제부터라도 몸과 마음을 들여다보는 연습을 시작해 보자. 차를 마시며 마음을 고요히 가라앉힌 다음 몸의 감각에 마음을 보내고, 마음에 주의를 기울여 보자. 찻물 떨어지는 소리, 코끝에 닿는 차의 향, 입 안 가득 번지는 담백한 차를 삼키며 입꼬리가 귀까지 걸리는 행복한 느낌을 느껴보자. 스트레스로 뭉친 어깨, 불안으로 옥죄이는 가슴 등 몸의 불편한 감각도 있는 그대로 알아차리자. 시간이 없다면 단 5분이라도 나를 만나는 시간을 가져 보자. 나의 몸과 마음을 직면하며 수고로움과 애씀을 있는 그대로 알아차리다 보면 몸과 마음이 이완되며 위로와 치유를 받게 된다. 별것 아니라고 생각한 것이 참 별것이 되는 경험을 하게 될 것이다.

가까이 다가가 들여다보기

MTM의 빼놓을 수 없는 선물은 세심한 관찰력이다. 대충 보는 게 아니라 주의를 기울여 대상에 가까이 다가가 구체적으로 보는 것이다. 예를 들어 찻잔에 떨어지는 찻물을 가까이 다가가 보면 수많은 변화를 볼 수 있다. 찻물이 떨어지면서 생기는 거품들의 다양한 모습, 물방울이 떨어지면서 그려내는 잔물결, 물 떨어지는 소리의 다양함 등 주의를 기울이지 않으면 알 수 없는 많은 것을 보고 들을 수 있다. 이처럼 MTM을 이어가다 보면 자연스럽게 세심한 관찰

력이 길러져 사물의 다양한 변화를 놓치지 않고 볼 수 있게
된다. 긴장된 몸의 감각도 피하지 않고 가까이 다가가 볼
수 있는 힘이 생긴다.

부정적인 감정 내려놓기

MTM은 현존이라는 커다란 선물도 가져다준다. 차는 과
거와 미래로 끊임없이 방황하는 우리 마음을 지금 여기에
잡아놓을 수 있는 매개체가 된다. 오감을 자극할 수 있는
차라는 도구를 통해 MTM을 하는 사람은 현재 이 순간에
머무를 수 있게 된다. 실제로 차를 마시는 그 순간만이라도
마음을 집중하여 지금 여기에 충실할 수 있다면 우리는 습
관적인 사고에 동요되지 않고 고요해질 수 있다.

MTM은 욕망, 불안, 공포, 두려움 등으로 들떠 있는 현대
인들에게 생각이 아닌 현존을 경험할 수 있도록 이끌어준
다. MTM을 하는 동안은 온갖 생각을 내려놓고 마음이 이
자리, 이 순간에 머물러 있게 된다. 이 순간에 머물면서 마
음이 고요하고 편안해지니 정신적, 육체적 피로도 해소된
다. 잠깐이라도 스트레스나 불안, 분노 등의 부정적인 감정
을 내려놓고 편안함을 느낄 수 있게 된다.

자각과 온전히 깨어 있기

MTM을 하면 자각이라는 선물도 얻게 된다. 자각이란 현재의 순간에 집중해 늘 깨어 있는 상태로, '지금 이 순간'에 충실하고 자신의 삶 속에 현존하는 감각을 판단하지 않고 있는 그대로 알아차리고 경험하고 받아들이는 것이다. 생각과 감정을 판단하지 않고 있는 그대로 관찰함으로써 지혜에 이르도록 하는 마음의 근력을 키우는 것이다.

"덜 생각하고, 더 많이 느껴라. Think less, Feel more." 이것이야말로 현대를 살아가는 데 가장 필요한 것이 아닐까. 마음의 근력을 키우면 키울수록 부정적인 생각이 비워지고 그동안 주의를 기울이지 않아 대수롭지 않게 여겼던 많은 것들에 대한 감사함을 느낄 수 있다. 그 어느 것 하나 무의미한 것이 없으며 순간순간이 매우 소중함을 깨닫게 된다. 그 과정을 반복하다 보면 어느새 우리가 가장 원하는 행복이 우리의 삶에 자연스럽게 물들게 될 것이다.

ⓒ 곽용섭

MTM TALK

MTM은 뇌의 활동도 바꿀 수 있다

미국의 신경생물학자 로저 스페리(Roger Sperry)는 인간의 뇌의 내면세계를 최초로 밝혀냈다. 그에 따르면 우리의 뇌는 좌뇌와 우뇌로 나뉘어 있으며, 둘의 기능이 다르다. 또 뇌량(腦梁)이라는 신경섬유다발을 통해 좌뇌와 우뇌가 서로 정보를 주고받고 있으며, 각 신체는 반대 뇌와 연결되어 있다. 즉, 우리의 뇌는 생각하는 좌뇌와 느끼는 우뇌, 이성적인 좌뇌와 감성적인 우뇌로 기능과 영역이 나뉘어 있으며, 한쪽 뇌가 지나치게 활동적일 때 삶의 균형이 깨질 수 있다. MTM은 뇌의 활동을 바꿀 수 있는 명상 프로그램이다. 현대인들 대부분은 수많은 언어에 노출되어 있으므로 좌뇌 위주로 사고를 하게 된다. 따라서 과거 기억으로 인한 걱정과 후회, 미래에 대한 근심과 불안, 우울, 대책 없이 날뛰는 감정의 동요로 고통스러워하며 힘든 시간을 보내게 된다. 심신의 건강을 위해서는 좌뇌와 우뇌의 균형이 무엇보다 중요하다. 의도적으로라도 우뇌를 활성화해서 좌뇌 편향의 상태를 바로잡을 필요가 있다. 그런데 MTM으로 마음의 근력을 키울수록 언어적 개념과 사고에 열려 있는 좌뇌의 활동보다 통합적으로 직관력을 열 수 있는 우뇌가 활성화된다. MTM이 뇌의 좌우 균형을 바로 잡아줄 수 있는 좋은 도구임을 입증하는 것이다.

뇌는 외부 자극을 기반으로 세포의 연결 구조를 바꾸는 능력이 탁월하다. 이런 뇌의 '가소성(可塑性)'이 MTM을 통해 잃어버린 기능을 되찾게 하는 기본적인 힘이 된다.

"덜 생각하고, 더 많이 느껴라. Think less, Feel more."
생각에 끌려다니는 현대인들에게 가장 필요한 말이 아닐까.
이 순간을 경험할 수 있는 오감을 있는 그대로 느끼고 알아차리게 되면
부정적인 생각으로부터 자유로워질 수 있다.
또 그동안 얼마나 많은 것을 놓치고 살아왔는지, 대수롭지 않게
여겨졌던 것들이 얼마나 소중하고 감사한 것인지 새삼 깨닫게 된다.

all about
TEA

차는 자연의 선물이다.

사람과 자연을 이어주고, 사람과 사람을 이어주며, 사람과 문화를 이어준다.

차는 우리 삶을 편안하고 풍요롭게 만들어주는 훌륭한 도구이다.

Mindful Tea Meditation   Chapter two I all about TEA

all about
TEA

MTM에 앞서 매개체 역할을 하는 차에 대해 집중적으로 살펴보자.
차의 어떤 특성과 매력이 명상과 맞닿아 MTM으로 이어지게 되었는지
차근차근 차 이야기를 풀어보자.

1

차의 기원과 차문화

MTM을 하는 데 있어 차의 기원이나 차의 종류, 다도 의례 등을 꼭 알아야 하는 것은 아니다. 그러나 MTM에서 차를 명상 도구로 활용하고 있는 만큼 차에 대한 기본적인 상식을 알아두면 MTM을 진행하는 데 도움이 된다. 혹 차에는 관심이 없고 MTM 명상법부터 알고 싶다면 이번 장은 과감히 건너뛰어도 무방하다. 3장을 익힌 다음 차에 대해 더 알고 싶다면 이번 장으로 돌아오는 것도 방법이다.

차나무의 원산지가 중국으로 알려져 있듯이 차는 중국에서 마시기 시작하였다. 그러나 차를 받아들인 지역마다 매우 복잡한 역사를 지니며 전 세계로 퍼졌다. 본래 차는 불교나 유교에서 시작한 것이 아니고 도교에서 시작하였다. 도교에서 건강하게 오래 살기 위한 수단으로 차를 이용했다. 선승들의 차 마시기 방법도 실은 도사(道士)들의 그것을 빌려와 발전시킨 것이다. 인도에서 발생한 대승불교가 중국으로 확산되고, 대승불교 가운데서 달마를 초조로 하는 선종이 등장하고부터 불교에 본격적으로 차가 도입된다.

우리나라 전통차의 초기 역사는 당나라의 영향을 받았으나 선종의 불교 문화를 통해 독자적인 모습으로 성장할 수 있었다. 삼국사기에 의하면 우리나라에 차가 들어온 것은 신라 시대로, 차를 마시는 습관과 차문화도 이때부터 시작되었다. 하지만 신라의 차문화는 귀족과 승려들에 의해 계승 발전된 고급문화였다. 그러다 불교가 왕성하게 발전했던 고려 시대에 들어서면서 차의 대중화가 일어난다. 불교를 통해 귀족뿐만 아니라 일반 백성들까지 차를 즐기게 되었다. 고려 시대에는 차를 다루는 관청인 다방(茶房), 차를 재배하는 다소촌(茶所村), 백성을 위한 다점(茶店)이 성행할 정도로 차문화가 발달했다. 그러나 조선 시대에 들어오면서 불교가 쇠퇴하자 차문화도 함께 쇠락해 간신히 명맥을 유지하는 수준이었다.

그러다 조선 후기에 이르러 '한국의 다성' 초의선사 (1786~1866)에 의해 다도가 다시 성황을 이루게 된다. 초의 선사는 학문뿐만 아니라 시, 서예, 그림, 차 등 많은 분야에 뛰어난 인물로 평가받고 있는데, 조선의 대표적인 실학자 였던 다산 정약용(1762~1836)과 추사 김정희(1786~1856)의 영향을 많이 받았다. 벼슬길에서 벗어나 은자의 삶에 들어 서 자연과의 합일을 노래하는 문인들의 안빈낙도 정신과 참선과 수행을 강조하는 불교의 차문화가 일맥상통하여 어우러지면서 우리나라 고유의 차문화가 꽃피게 되었다.

차는 이처럼 오랜 기간 사랑을 받아온 식품이다. 수천 년 간 직접 체험을 거쳐 안전하고 유익한 생활음료로 자리매 김하였다. 차는 육체적인 건강증진뿐 아니라 정서적으로 도 이로운 영향을 주는 식품이다. 차는 약용 및 식용, 기호 음료로 변하며 사랑받아 왔으며, 정치나 문화 종교 등 다양 한 방면에 영향을 주어 정신문화를 추구하는 매개체로도 활용되었다.

차는 원래 정신을 맑게 하는 것은 물론 자연과 교감하는 이상적인 정신음료이다. 차를 즐기는 궁극적 목표는 맑은 정신과 고요해지는 마음이라 할 수 있다. 차는 사람의 마음 을 맑고 편안하게 하여 자기 자신을 돌보게 하고, 더 나아

가 수행의 길로 나아가게 한다.

차의 이런 특성은 명상과 만나 새로운 차문화를 만들어 가고 있다고 봐도 좋을 듯싶다. 몸과 마음을 편안하게 해주는 차의 뛰어난 성분과 마음을 들여다보는 명상이 만나 사람들에게 위로와 힐링을 선사하고 있다. 더 나아가 생각이 아닌 있는 그대로의 나를 보게 함으로써 행복한 삶을 살 수 있도록 안내해주고 있다.

● 다도는 차와 마음의 조화를 추구한다

차를 마시는 행위는 단순히 음료를 마신다는 이상의 의미가 있다. 차는 처음 음료수의 일종이나 약용으로 쓰였으나 차차 기호 식품화하면서 취미생활과 연결되었고, 다시 일상생활의 도를 끽다(喫茶, 차를 마시는 것)와 관련지어 다도로까지 발전하게 되었다.

한국 차 문화의 중심축이라고 할 수 있는 초의선사는 중국의 차문화에서 벗어나 독자적인 우리나라의 차문화를 세우고자 했다. 오랜 연구 끝에 1830년 『다신전(茶神傳)』, 1837년 『동다송(東茶頌)』을 내놓았는데, 『동다송』에는 한국 차의 우수성뿐만 아니라 차 재배법, 법제 방법 등이 자세히 기록되어 있다. 또 다도에 대해서도 언급하고 있는데, 정성스럽게 잘 만들어진 차로 좋은 물을 얻어 알맞게 잘 우러나게 해야 한다고 적고 있다.

우리의 옛 선비들은 차를 끓이고 마시는 일은 공부하는 것으로 생각하여, 찻일(茶事)은 군자 수양의 길이라 생각하였다. 한편 당나라 말기의 유정량은 차에 대한 애정을 다선십덕(茶扇十德)이란 글로 표현해 놓았다. 첫째 차로써 우울함을 흩어지게 하고, 둘째 차로써 졸음을 쫓고, 셋째 차로써 생기를 돌게 하고, 넷째 차로써 병의 기운을 제거하고, 다섯째 차로써 예와 인을 이롭게 하고, 여섯째 차로써 경의를 표하고, 일곱째 차로써 맛을 음미하고, 여덟째 차로써 신체를 기르고, 아홉째 차로써 도를 행하고, 열째 차로써 뜻을 우아하게 한다. 즉, 다선십덕에서 '차로써 도를 행한다'라고 하여 차가 도를 행하는 매개체임을 피력했다.

다도(茶道)의 의미를 국립국어원 표준국어대사전에서는 '차를 달이거나 마실 때의 방식이나 예의범절'이라고 설명하고 있다. 차라는 물질의 세계와 도덕적인 정신의 세계가 조화를 이룬다는 의미로 파악할 수 있다. 다도를 선이나 마음가짐으로 설명한 학자들도 있다. 한국차학회 초대회장이자『다도학』외 많은 저서로 다학(茶學) 관련 기본서의 근간을 마련한 김명배는 '찻잎 따기에서 차를 우려 마시기까지의 찻일로써 몸과 마음을 수련해 덕을 쌓는 행위를 다도'라고 했고, 최계원은『우리 차의 재조명』에서 다도를 '차를 끓이는 법식과 차를 마시는 데에 있어서 마음가짐을 알고 가다듬는 길'이라고 표현했다.

이처럼 다도는 차와 마음의 조화(어울림)를 다룬다. 차를 마시는 사람과 차라는 대상, 또는 차를 마시는 다른 대상들과의 관계와 어울림이 핵심을 이룬다고 볼 수 있다. 그래서 다도를 통해 몸과 마음이 즐겁다는 것이다. 다도는 다양한 차문화를 만들어냈다.

● 차는 건강과 힐링 음료로 사랑받고 있다

차는 더 이상 구시대의 유물이 아니다. 차는 새로운 모습으로 우리 곁으로 다가왔다. 속도와의 전쟁에 시달리는 현대인들에게 잠시나마 느림을 경험하게 하는 신선함을 가져다주고 있다. 그 때문에 몸과 마음의 여유를 찾는 사람들 사이에서 차는 건강과 힐링 음료로 자리매김하고 있다.

최근에는 하루를 차로 시작하는 사람도 많고, 점심 식사 후에 자연스럽게 카페에 들러 커피나 차를 마시는 사람도 많다. 텀블러에 커피나 차를 담아 들고 다니며 마시는 사람도 흔하게 발견할 수 있다. 차문화가 현대인들의 생활에 깊숙이 들어와 있다는 증거이기도 하다. 특히 최근 들어 녹차를 비롯해 다양한 건강 대용 차를 마시는 사람들이 늘고 있다. 스트레스나 불면증 등에 좋은 차를 마시기도 하고, 감기나 우울증에 효능이 있다는 차를 마시기도 한다.

　차는 혼자 마실 수도 있고, 여럿이 같이 마실 수도 있다. 둘 이상 함께 차를 마시기 위해서는 차를 우리는 사람과 차를 마시는 사람이 있어야 한다. 즉 차 마시기는 외부의 대상들과 관계를 맺게 된다. 차를 우리는 사람은 정성껏 마음을 담아 차의 맛과 향을 내기 위해 노력한다. 그리고 차를 마시는 사람은 차를 우리는 모습을 바라보며 잠시나마 일상의 거친 생각들을 내려놓고 이완할 수 있다. 차를 우리는 사람과 함께 마시는 사람들 사이에서 생기는 상호 이해와 공감은 관계를 좋게 만들어준다. 현대인들이 겪는 관계에서 오는 스트레스를 잠시 잊게끔 해준다.

　차는 빛과 바람과 흙과 물이 함께 만들어낸 자연의 선물이다. 단순해 보이는 차가 사람과 자연을 이어주고, 사람과 사람을 이어주며, 그리고 사람과 문화를 이어준다. 차에는 몸과 마음, 자연뿐만 아니라 문화가 녹아있기 때문에 차는 우리 삶을 편안하고 풍요롭게 만들어 주는 훌륭한 도구로 사랑받고 있다.

● **좋은 차를 고르는 안목이 필요하다**

MTM은 말 그대로 차의 다양한 요소를 관찰 대상으로 하는 명상인 만큼 차의 질이 좋으면 좋을수록 풍부한 감각을 경험할 수 있다. 따라서 어떤 차가 좋은 차인지 구분할 수 있는 안목이 필요하다. 먼저 차의 모양과 빛깔을 살펴보아야 한다. 찻잎이 말려 있는 상태는 어떤지, 차 이외의 잡다한 것이 섞여 있지는 않은지 살펴볼 필요가 있다.

차는 크게 열증기를 이용해 찐 증제차(蒸製茶)와 솥에서 덖은 덖음차로 나눌 수 있다. 증제차는 주로 일자형(직조형)으로 곧고 가늘게 잘 말려진 찻잎의 형태이며, 선명하고 짙은 녹색에 윤기가 있는 것을 좋은 차로 본다. 덖음차는 직조형, 편형, 곡조형 등등 여러 형태가 있으며, 어린잎에 연한 녹색과 윤기가 있는 것을 좋은 차로 본다. 이때 눈으로 보는 것은 한계가 있어 찻잎을 만져 보며 건조 정도를 살피는 것이 좋다. 하지만 촉감으로도 잘 파악되지 않으면 뜨거운 물을 부어 2~3분 후 향기를 맡아 본다. 증제차는 상쾌한 어린잎의 향과 꽃향기의 가열로 생기는 고소한 향이 나는 데 반해, 덖음차는 상쾌하고 고소한 향이 난다.

차의 맛은 찻잔을 기울여 입 안에 찻물을 넣고서 혀 전체로 맛봐야 하는데, 처음에는 바로 삼키지 말고 입 안에서 충분히 맛을 음미한 다음 삼킨다. 맛을 기준으로 할 때 좋은 차란 쓴맛과 떫은맛이 적고 감칠맛이 진해야 하며, 상쾌하고 풋내가 적어야 한다. 처음에는 차 맛을 제대로 분별할 수 없지만, 계속해서 마시다 보면 자연스럽게 차 맛을 알게 된다. 자신이 어떤 차 맛을 좋아하는지도 알게 되고, 같은 차라도 어떻게 우리느냐에 따라 맛이 달라짐을 저절로 알 수 있게 된다.

●　　　　　　　　　　**무색무취한 물이 가장 좋다**

차의 맛을 좌우하는 것은 차와 물이라고 해도 과언이 아니다. 아무리 좋은 차라도 물이 나쁘면 그 풍미를 제대로 느

낄 수 없다. 차를 끓여 마셔 보면 물이 차의 맛을 크게 좌우한다는 것을 실감하게 된다. 차를 우리는 데 가장 좋은 물은 무색무취, 아무런 빛깔도 없어야 하고 냄새도 없어야 한다. 한마디로 깨끗한 물이어야 한다. 예전에는 차를 우리기위해 깊은 산속의 맑은 옹달샘에서 길어온 물을 사용하거나 항아리에 담아 그늘진 뜰에 놓고 베로 덮어 자연의 기운을 받게 한 후 사용했다. 좋은 차를 마시기 위해서 수고스러움도 마다하지 않았다.

하지만 요즘에는 맑은 자연의 물을 구하기가 쉽지 않다. 수질 문제나 편리성을 생각하면 정수기 물이나 시중에서 파는 물 가운데 수질이 좋은 것을 사용하는 게 바람직하다. 수돗물의 경우, 깨끗한 것 같아도 물 소독 과정에서 사용한 약품이 남아 있을 수 있어 사용을 권하지 않는다. 이밖에도 받아 놓은 지 오래된 물과 한번 끓인 물은 다시 끓여 사용하지 않는 것이 좋다. 증류수도 차의 미묘한 맛이 사라지기 때문에 적당하지 않다.

차 맛은 차를 얼마나 잘 우렸는가에 달려 있다고 해도 과언
이 아니다. 차를 잘 우리려면 차의 상태를 정확히 파악하고
거기에 맞게 대처해야 한다. 증제차인지 덖음차인지, 고급
차인지 하급 차인지에 따라 우리는 법이 달라지기 때문이다.

차 우리기에서 가장 중요한 것은 물의 온도라고 할 수 있
다. 차의 종류나 차의 품질에 따라 적정한 물의 온도뿐만
아니라 물의 양, 물 따르는 속도, 우리는 시간 등이 달라져
야 한다. 고급 차일수록 적은 양의 물로 온도를 낮게 하여
잎이 퍼지는 것을 천천히 기다려 따르며, 하급 차일수록 물
의 양을 많게 하여 빠르게 따른다. 하급 차에는 타닌이 많
고 아미노산이 적은 만큼 높은 온도의 물로 짧은 시간에 우
려내야 원하는 맛을 얻을 수 있기 때문이다.

같은 차라도 물의 온도와 우리는 시간에 따라 차 맛이 전
혀 달라진다. 특히 증제차의 경우, 물의 온도가 적정 온도
보다 뜨거우면 차의 타닌 성분이 많이 나와 떫은맛이 나고,
적정 온도보다 낮으면 차 맛이 제대로 우러나지 않는다. 증
제차의 적정한 물 온도는 첫 탕은 60~70℃, 재탕과 삼탕은
70~80℃이다. 이에 비해 덖음차는 물의 온도에 크게 구애

받지 않는다. 같은 녹차라고 해도 굳이 물의 온도를 낮춰 우리지 않아도 된다는 이야기다. 물의 온도가 높으면 짧은 시간에 우려내고, 물의 온도가 낮으면 우리는 시간을 늘리면 된다. 이처럼 물의 온도 못지않게 중요한 게 우리는 시간이다. 차를 적정 시간보다 오래 우리면 맛이 진해질 뿐만 아니라 떫은맛이 나고, 덜 우리면 차 맛이 제대로 우러나지 않는다.

차 맛을 좌우하는 데에는 차의 양도 한몫한다. 사람에 따라 진한 맛을 선호하기도 하고 연한 맛을 선호하기도 하지만, 최적의 차 맛을 뽑아내려면 차의 양에도 신경을 써야 한다. 차를 너무 많이 넣으면 맛이 진하고 향기가 가라앉는다. 반대로 차의 양이 너무 적으면 맛이 너무 연해 제대로 된 차 맛을 느끼기 어렵다. 개인의 기호에 따르겠지만 녹차의 경우 1인당 2~3g(찻숟가락 하나 남짓)이 적당하다.

차를 우리는 모든 과정에는 세심한 주의가 필요하다. 좋은 물로 물을 끓이고, 차에 맞게 물의 온도를 조절하며 차의 양과 물의 양, 우리는 시간에 신경을 써야 원하는 차 맛을 얻을 수 있다. 예민한 식품인 만큼 느긋한 마음으로 차와 물과 온도의 균형을 맞춰가며 우려야 한다.

차와 물의 조화로 차를 우려낸 다음에는 자신이나 타인을 위해 차를 따라야 한다. 이때 차를 따르는 사람은 차의 맛이 일정하게 유지되도록 유의해야 한다. 먼저 여러 잔에 나눠 차를 따를 때는 찻물의 분량과 빛깔, 맛의 농도를 똑같이 하기 위해서 찻물을 두 번에 나눠 따른다. 이때 처음 잔과 마지막 잔이 같은 맛과 농도를 유지할 수 있도록 순서를 정해 따른다.

찻물의 색깔을 유심히 보고 차를 따르는 속도와 양을 조절해야 하는 정신집중이 필요하다. 찻물의 빛깔을 보면서 연할 때는 천천히, 진할 때는 빠른 속도로 따르는 것이 좋다. 맛의 진짜 향은 마지막 한 방울에서 나온다고 여기고 남김없이 모두 따르는 것이 좋다. 다관의 찻물은 마지막 한 방울까지 따라야만 재탕할 때도 좋은 차의 맛을 보존할 수 있다.

찻잔에 차를 따른 후에는 편안한 마음으로 찻잔을 들어 가볍게 입술로 가져온다. 차를 마시기 전에 찻물의 빛깔을 감상한 다음 차의 향기를 맡고, 입 안 가득 차를 머금는다. 차는 바로 넘기지 말고 입 안에 골고루 찻물이 닿을 수 있도록 혀로 섞어준다. 그런 다음 혀에 닿는 차의 맛을 음미한다. 떫은맛이 나는지, 과일 향이 나는지, 구수한 맛이 나는지, 해초류 향이 나는지 천천히 느껴본다.

차를 즐길 때 처음에는 차를 만난다는 느낌으로 색깔과 향을 즐기고, 재탕은 차의 맛을 즐긴다. 이렇게 다도를 활용하면 맛이 좋은 차를 만들 수 있고, 고요한 마음으로 행할 수 있어 몸과 마음이 편안해진다.

● **차 맛을 지키려면 보관이 중요하다**

좋은 차 맛을 유지하기 위해서는 차를 마신 후 보관을 잘해야 한다. 아무리 좋은 고급 차라도 보관을 잘못하면 맛이 변한다. 차는 습도와 열, 냄새에 매우 민감하다. 간혹 냉장고에 차를 보관하는 사람이 있는데, 냉장고에 있는 다른 음식의 냄새가 차에 배기 때문에 삼가야 한다. 또 공기에 노출되면 쉽게 산화되므로 여러 겹 밀봉하여 햇빛이 없는 건조한 곳에 두어야 한다. 차를 덜어낼 때도 되도록 시간을 줄여 공기와의 접촉 시간을 최소로 줄일 필요가 있다. 만약 차가 눅눅하다면 그대로 사용하지 말고 팬 위에 올려놓고 은근한 불에 볶든지 불에 쬐어 사용하는 게 좋다.

차는 밀폐된 캔이나 자기, 플라스틱 용기 등에 보관하는 것이 좋은데, 이때 용기에 다른 냄새가 없는지 확인한다. 나무통은 냄새가 있고 통기성이 있으므로 차를 보관하기에 적합하지 않다. 비닐 역시 냄새가 있고 차를 보관하기에 적합하지 않다. 은박봉투에 담긴 차는 한번 사용하고 난 후 바람을 빼고 윗부분을 꼼꼼히 접어서 집게클립 등을 사용해 공기를 차단해준다. 가장 좋은 보관법은 차 전용 냉장고를 사용하는 것이다.

2 차 종류에는 어떤 게 있나요?

차의 오랜 역사만큼이나 차의 종류도 매우 다양하다. 차는 일반적으로 제조 시기나 산화발효 정도, 찻잎 형태, 건조 정도, 재배 방법, 품종, 생산 지역 등에 따라 여러 가지로 분류된다. 최근에는 주로 제조 공정과 제품의 색을 고려하여 녹차(綠茶), 백차(白茶), 황차(黃茶), 청차(靑茶), 홍차(紅茶), 흑차(黑茶) 등 여섯 가지로 분류한다. 이 분류법은 현재 가장 보편적으로 사용되며, 제품 차의 색상과 우려낸 찻물 색에 따라 붙인 이름이다. 찻물 색은 차의 종류와 차를 우리는 정도에 따라 미묘한 차이를 보인다.

백차(白茶, white tea)는 우려낸 찻물 색이 연한 미색에 가까워 붙여진 이름이다. 백차는 일반 차나무가 아닌 오랜 시간 품종 개량을 한 차나무를 주로 사용한다. 이 품종의 특징은 은백색 또는 은회색의 균일한 솜털이 찻잎을 덮고 있으며, 싹은 다른 차나무와 달리 매우 도톰하다. 백차는 약(弱) 산화발효차로, 덖거나 비비기를 하지 않고 약하게 산화발효시켜 그대로 건조하여 찻잎이 은색의 광택을 낸다. 둥글게 말려 있어 보기만 해도 덖거나 비비기를 하지 않았다는 사실을 알 수 있다. 이처럼 차를 마시는 사람은 눈을 통해 찻잎만 보더라도 그 차의 특성을 알아차릴 수 있다.

백차는 6가지 차 종류 중 가공을 가장 적게 하여 맛이 단아하고 신선할 뿐만 아니라, 차의 천연의 맛이 가장 두드러진다. 백차는 다른 차에 비해 아미노산 함유량이 많고 낮은 온도에서 추출되므로 차를 우릴 때도 성분의 특성을 살려 저온에서 짧게 우리는 게 좋다. 우린 찻잎은 두텁고 여리며 살굿빛 황색을 띤다. 백차는 해열작용이 탁월하여 한약재로도 많이 사용된다.

대표적인 백차로는 차의 싹으로만 만들어 그 모양이 마

치 침과 같다 하여 이름 붙여진 백호은침(白毫銀針), 차 싹과 찻잎으로 만들어 모양이 마치 모란 같은 백모란(白牡丹), 찻잎으로만 만든 공미(貢眉)와 수미(秀眉) 등이 있다.

녹차의 맛은 싱그럽고 깔끔하다

녹차(綠茶, Green tea)는 우리나라 사람들이 가장 즐겨 마시는 차이다. 찻잎을 따서 바로 증기로 찌거나 솥에서 덖어 찻잎에 함유된 효소의 작용을 정지시킨다. 즉 산화발효 과정을 거치지 않아 차의 성분이 그대로 남아 있다. 비(非)발효차인 녹차는 티폴리페놀(teapolyphenol)의 산화 정도가 약하여 생찻잎의 함유 성분에 가장 근접한 차로, 맑은 찻물에 녹색 계열의 차 색의 특징을 한눈에 보여준다. 품질이 좋은 명차는 마른 찻잎의 빛깔이 연녹색을 띠며, 모양에 특색이 있다.

찻잎의 말린 형태에 따라 납작하고 평평한 모양의 편평형, 소나무 잎 모양의 침형, 굽은 소라살 모양의 곡라형, 구슬 모양의 원주형, 창 모양의 모형, 난꽃 모양의 난화형, 납작한 편형, 굽은 모양의 곡조형, 눈썹 모양의 미형, 참새 혀

모양의 작설형 등으로 나눈다.

덖음 녹차는 살청(찻잎의 산화효소의 활성을 파괴하는 것) 방법에 따라 초청형, 반홍반초형, 홍청형의 세 가지로 나눌 수 있다. 덖은 녹차인 초청형 차는 빛깔이 파랗고 윤기가 나며, 찻잎은 외형이 다양하고, 우려낸 찻물 색은 녹색을 띤다. 반홍반초형 차는 반은 불에 쬐고 반은 덖은 녹차인데, 제조할 때 찻잎의 수분 함량이 20% 정도 될 때까지 덖고 다시 불에 쬐어 말린다. 찻잎은 청록색의 빛깔을 띠며, 외형이 가지런하고 우려낸 찻물 색깔과 우린 잎 모두 녹색 계열 빛깔을 띤다. 불에 쬐어 말린 홍청형 녹차는 빛깔이 비교적 진하고, 우려낸 찻물 색은 맑고 밝으며, 우린 잎은 녹색을 띤다.

중국은 차의 총생산량 가운데 70% 이상이 녹차이고, 우리나라에서도 보성, 하동과 제주도를 중심으로 녹차의 생산이 이루어지고 있다. 대표적인 녹차로는 한국의 우전(雨前)과 세작(細雀), 일본의 옥로차(玉露茶), 중국의 서호용정(西湖龍井), 황산모봉(黃山毛峰), 안길백차(安吉白茶), 은시옥로(恩施玉露) 등이 있다.

황차는 순하고 부드럽다

황차(黃茶, Yellow tea)는 경(輕) 산화발효차로 찻잎의 색과 우려낸 찻물 색, 찻잎 찌꺼기 세 가지 모두 황색을 띠어 황차라고 부른다. 녹차와는 달리 찻잎을 쌓아두는 민황(悶黃: 종이나 천으로 찻잎을 싸서 습도와 온도에 의해 약하게 발효시키는 과정)이라는 퇴적 과정을 거치게 된다. 이 과정에서 엽록소가 파괴되어 찻잎 색이 황색을 띠게 되며, 쓰고 떫은맛을 내는 카테킨 성분도 50~60% 정도 줄어들어 녹차보다 부드럽고 순하며 풍미가 깊은 차가 된다. 황차 고유의 부드럽고 편한 맛의 비밀 아닌 비밀이기도 하다.

황차는 예부터 고급 차로 여겨졌지만, 마치 녹차가 오래되어 변한 것처럼 보여 소비량이 감소한 측면도 있다. 게다가 생산되는 종류나 양이 적어 구하기가 쉽지 않은 차로도 알려져 있다. 하지만 황차에는 항산화 물질인 폴리페놀이 많아서 혈관을 튼튼하게 해주며, 아미노산이 기억력 향상과 피로회복에 도움을 준다. 또 소화와 변비에 뛰어난 효능이 있으며, 열을 내리는 데 효과적이다. 대표적인 황차로는 군산은침(君山銀針), 곽산황아(霍山黃芽), 몽정황아(蒙頂黃芽)가 유명하다.

청차는 향긋한 향과 깊은 단맛이 있다

청차(靑茶, Cyan tea)는 가공 후 찻잎이 청갈색을 띠어 청차라고 부른다. 흔히 청차를 우롱차(烏龍茶)라고도 하는데, 이는 찻잎 모양이 까마귀처럼 검고 용처럼 구부러져 있어 붙여진 별명이다. 발효 정도는 녹차와 홍차의 중간인 20~65%이며, 부분 산화발효차로 분류된다. 청차의 산화 정도는 황차보다 높고 홍차보다는 낮다. 이 때문에 소량의 테아플라빈(TF)과 테아루비긴(TR) 등이 형성되어 찻물은 빨강과 황색의 중간인 등황색 계열을 띠며, 찻잎의 가장자리는 홍색이 되는 특징이 있다.

청차는 품종이 매우 다양하며, 각 품종은 모두 독특한 색과 향과 맛을 지니고 있다. 품질이 좋은 청차의 찻잎은 대체로 짙은 녹색에 윤기가 있다. 차를 우려내면 밝은 귤색을 띠며, 우린 잎은 밝은 황색에 홍색 반점을 띠면서 통통하다. 반면 품질이 낮은 청차는 외형이 느슨하고 잎이 가벼워 보이고 색상이 어둡고 메마르다. 우려낸 색깔은 홍색을 띠고, 오래된 냄새가 나며, 맛이 진하다. 우린 잎은 통통하게 불어나고, 갈색을 띤다.

대표적인 청차에는 철관음(鐵觀音)과 대홍포(大紅袍), 봉황

단총(鳳凰單叢), 동방미인(東方美人), 포종차(包種茶), 동정오룡(東頂烏龍) 등이 있다.

홍차는 과일 향이 진한 발효차이다

홍차(紅茶, Black tea)는 동양과 서양의 이름이 다르다. 동양에서는 찻잎을 우려낸 찻물 색이 붉다고 해서 홍차라고 부르고, 서양에서는 가공 처리한 찻잎이 검은빛을 띤다고 해서 블랙티라고 부른다. 하지만 엄밀하게 말해서 홍차의 찻잎 색은 홍갈색에 가깝다. 등홍색의 홍차 찻물 색은 주로 테아플라빈에 의한 것이며. 색의 농도는 테아루비긴의 영향을 받는데 비율이 높을수록 홍차 품질이 좋다. 홍차의 대표적인 맛은 주요 성분인 아미노산의 감칠맛과 카테킨과 관련된 떫은맛이다.

홍차는 산화발효로 인해 마약과 같은 성질을 가진다. 홍차의 카페인은 자유로운 형태로 나타난다. 빠르게 방출되는 카페인의 자극 효과는 홍차의 중독성을 부추긴다. 섭취한 카페인을 신체가 독소로 인식하기 때문에 부신은 자연스럽게 해독제인 아드레날린을 분비하는 반응을 보여준

다. 홍차는 몸 안에 쌓인 한기를 제거하고, 혈액순환을 좋게 하여 신진대사를 높이는 작용을 한다. 홍차에 포함된 폴리페놀의 항산화 작용으로 노화를 방지하는 효과도 있다.

홍차는 다른 차에 비해 카페인의 함량이 높은 것이 특징으로, 피로 해소나 이뇨작용, 스트레스 해소에 효과가 있다. 홍차의 주요 성분인 테아닌은 카페인 섭취로 인한 일시적인 흥분을 억누르는 힘이 있고, 혈압 상승을 억제하거나 뇌의 신경세포를 보호하는 작용이 있다고도 알려져 있다.

세계 3대 홍차로 인도의 다즐링(Dazzeling), 중국의 기문(祁門), 스리랑카의 우바(Uva)가 꼽힌다. 찻잎 그대로 우려 마시는 스트레이트와 우유를 첨가해 마시는 밀크티 형태가 있다.

흑차(보이차)는 미생물 발효차이다

흑차(黑茶, Dark tea)는 6종류의 차 중 유일한 미생물 발효차로서 강(强) 발효차다. 차를 일차적으로 가공한 다음 다시 퇴적(1차 가공한 찻잎을 쌓아두는 방법)이나 악퇴(1차 가공한 찻잎에 물을 뿌려 쌓아두어 찻잎 자체의 온도와 습도를 높이는 방법) 과정을 거쳐 2차 가공을 하거나 저장하면서 차에 미생물이 발생하도록 한다. 일정한 습열 조건 아래서 미생물들이 작용을 일으켜 티폴리페놀의 극렬한 산화 작용이 진행되어 차의 색이 검고 윤기가 있으며, 찻물 색이 진하고 어둡다. 흑차의 향기와 맛은 순하고 부드러우며 오래될수록 깊어진다.

흑차는 우리에게는 보이차로 더 알려져 있다. 보이차는 제다 방법에 따라 생차(生茶)와 숙차(熟茶) 두 가지로 구분된다. 생차는 시들리기·덖음·비비기 등의 과정을 거친 후 햇볕에 자연 건조한 모차를 증기에 쐬어 단단히 압축한 차다. 자연발효 과정을 거치면서 차성이 풍부해지며, 더욱 깊고 부드러운 차 맛을 느낄 수 있는 것이 특징이다. 생차는 폴리페놀, 테아닌을 많이 함유하고 있는데, 폴리페놀에는 활성산소를 해가 없는 물질로 바꿔주는 항산화 효과가 있어 노화 방지에 좋다. 이밖에도 흑차의 대표적인 성분인 테아닌은 스트레스로 인한 긴장감을 풀어주는 효과가 있다.

숙차는 생차 제다 과정처럼 쇄청 모차를 40일 정도 악퇴 발효 과정을 거친 숙성된 차다. 발효가 많이 진행된 차인 만큼 전체적으로 맛과 향이 부드러운 것이 특징이며 목넘김도 부드럽고 깔끔하다. 보이차의 제다 과정 특성상 보이 생차는 상쾌하면서도 약간의 쓰고 떫은맛이 있는 반면

에, 보이 숙차는 쓰고 떫은맛은 비교적 덜하며 부드럽고 순후한 맛이 특징이다. 숙차는 갈산 성분을 많이 함유하고 있다. 갈산은 항산화, 항염, 항암, 뇌기능 향상, 간 기능 보호, 치매 예방에 효과가 있으며 지방을 분해하고, 들어온 지방은 몸 밖으로 빼내 주는 역할을 한다. 또 지방흡수에 관여하는 효소 활성화 억제, 체지방 감소, 콜레스테롤 개선에 효과가 있다.

대표적인 흑차로는 육보차(六堡茶), 복전차(茯磚茶), 천량차(千兩茶), 운남보이차(雲南普洱茶) 등이 있다.

3

전 세계가 인정한
녹차의 성분과 효능

차는 차나무 잎으로 만드는데, 발효 정도나 가공 처리법에 따라 다양한 종류가 있다. 이 가운데에서도 녹차는 뛰어난 효능으로 사랑받고 있는 식품이다. 녹차의 효능은 이미 과학적으로도 검증되었고, 오래전부터 전 세계가 녹차의 효능에 주목하고 있다. 실제로 일본 도호쿠대학의 연구팀에서는 녹차를 즐겨 마시는 사람은 그렇지 않은 사람보다 뇌졸중 등 심혈관질환에 걸릴 가능성이 현저히 낮다는 연구 결과를 발표했다. 프랑스 연구팀에서는 녹차에 들어있는 카테킨 성분이 체내의 지방흡수를 억제한다는 보고를 했고, 미국의 한 연구팀에서도 카테킨이 기초대사량을 높인다는 연구 결과를 발표했다. 녹차의 카테킨 성분이 혈압을 떨어뜨린다는 연구 결과도 있다. 미국의 대체의학 전문가인 안드레아스 모리츠(Andreas Moritz)도 『건강과 치유의 비밀』에서 녹차를 '생명의 차'라고 언급하고 있으며, 미국의 시사주간지 「TIME」에서도 세계 10대 건강식품으로 녹차를 선정했다.

요즘 사람들이 차를 즐기는 데에는 다양한 이유가 있겠지만 제일 먼저 차의 기능적인 면을 꼽을 수 있다. 예절과 격식의 상징으로 여겨지던 차문화가 건강과 힐링의 아이콘으로 인식되면서 차에 대한 인식이 달라지고 있다. 지친 몸과 마음을 되살릴 뿐 아니라 다이어트 등에도 효과가 있다는 점이 입증되면서 젊은이들에게도 친근하게 다가오고 있다. 그렇다면 구체적으로 어떤 성분과 기능들이 심신건강에 좋은지 살펴보자.

● **카테킨은 강력한 항산화 작용을 한다**

차의 특색 중 하나는 떫은맛이다. 떫은맛은 차에 있는 카테킨(catechin) 성분 때문인데, 폴리페놀의 일종으로 가장 대표적인 차의 유효 성분이다. 카테킨에는 다양한 약리작용이 있는데, 그중 가장 두드러진 것이 항산화 작용이다. 우리 몸에는 세포 산화의 주범인 활성산소가 있는데, 이 활성산소가 노화 촉진뿐만 아니라 암이나 뇌졸중, 심근경색, 심장병, 알레르기 등과 같은 질병을 일으킨다. 활성산소를 없애는 작용을 항산화 작용이라고 하는데, 카테킨이 바로 이런 역할을 한다.

카테킨의 항산화 능력은 대표적인 항산화제인 비타민 E의 200배, 비타민 C의 100배에 달할 정도로 매우 강력하다. 게다가 차에 함유된 유기산이나 비타민 C가 카테킨과 함께 상승효과를 일으켜 항산화 작용을 증폭시킨다. 따라서 평상시 차를 많이 마시면 암과 같은 수많은 질병 예방에 좋을 뿐만 아니라 젊음을 오래 유지할 수 있다.

카테킨은 다이어트에도 효과적이다. 카테킨은 혈액 중의 포도당과 지방산, 콜레스테롤의 농도를 감소시켜 지방의 합성을 억제하고 지방 분해를 촉진한다. 그래서 체중 감소에 매우 효과적일 뿐만 아니라 혈액순환을 원활하게 해준다. 덕분에 다이어트뿐만 아니라 고혈압이나 심근경색, 뇌졸중 환자에게 도움이 된다. 이 외에도 카테킨은 충치 예방, 입 냄새와 악취 제거, 피부 염증 제거, 미백 등에 효과가 있어 즐겨 마시면 매우 유용하다.

카페인은 편안한 생리작용을 유도한다

차의 또 다른 유용 성분은 중추 신경계 자극제인 카페인 (caffeine)이다. 카페인이라고 하면 대부분 커피의 카페인을 먼저 떠올리는데, 차의 카페인은 테아닌의 길항작용 등으로 편안한 생리작용을 유도하는 만큼 커피의 카페인과 구별할 필요가 있다. 물론 카페인을 많이 섭취하면 가슴이 벌렁대거나 호흡이 가빠지는 등 건강상 문제가 될 수 있고, 사람에 따라서는 불면증에 시달리는 원인이 되기도 한다. 그러나 적당량을 섭취하면 정신 활동을 높이고 기억력, 판단력, 지구력을 높이는 데 긍정적인 작용을 한다. 차가 오랫동안 사랑을 받아온 이유 중 하나가 바로 카페인의 이런 효능 때문이다.

카페인에 대한 부정적인 인식이 자칫 차를 꺼리게 되는 이유가 되기도 한다. 그러나 차에는 카페인을 조절해주는 효능들이 있으므로 크게 걱정하지 않아도 된다. 차와 커피의 카페인은 같은 화학 구조를 지니지만, 인체에 끼치는 반응은 다르다. 우선 섭취하는 카페인의 양이 다르고, 몸에 흡수되어 작용하는 기능이 다르기 때문이다. 커피의 카페인과 차의 카페인이 몸에 어떻게 다른 반응을 보이는지 조금 자세히 살펴보자.

첫째, 마시는 카페인의 양에서 차이가 난다. 건조된 찻잎과 커피 원두의 카페인 함량만을 보면 찻잎이 커피 원두보다 2배 가까이 많다. 그러나 차를 마실 때 1인당 2~3g의 찻잎을 사용하는 데 반해, 커피는 10~20g의 원두를 사용한다. 이것을 먹는 양으로 환산하면 녹차 한 잔의 카페인은 25mg, 우롱차 38mg, 홍차 42mg이 된다. 그러나 아메리카노 커피는 355㎖(톨 사이즈) 기준 154mg이 된다. 물론 커피도 내리는 방법에 따라 카페인의 함량이 다르므로 참고로 한다.

둘째, 몸에 흡수되어 작용하는 생체이용률(bioavailability)의 차이가 있다. 커피의 카페인은 마시는 즉시 반응하지만, 차의 카페인은 서서히 반응하게 되어 있다. 차에 있는 카테킨류의 성분이 카페인과 결합하여 몸으로의 흡수를 막아주면서 섭취 후 2~3시간이면 소변으로 배출되도록 촉진한다. 또 차 맛도 좋게 하면서 카페인의 흥분작용과 정반대로 긴장을 이완시켜주고 집중력을 올려주는 역할을 하는 테아닌이 카페인의 생체이용률을 현저히 낮춰준다. 따라서 차를 많이 마셔도 카페인 과잉으로 문제가 될 일은 거의 없다.

항산화 작용에 뛰어난 다양한 비타민이 있다

차에는 비타민 C, 비타민 B2, β-카로틴, 비타민 E를 비롯하여 다양한 비타민이 있다. 비타민은 우리 몸에 없어서는 안될 필수영양소이다. 비타민은 대표적인 항산화제로, 노화를 예방하고 피부를 맑게 해주며 항암에도 탁월한 효과가있다. 특히 녹차에 들어있는 비타민 C의 함량은 매우 높다. 게다가 녹차의 비타민 C는 단백질과 결합해 있어 잘 파괴되지 않는다. 비타민 C는 암의 발생을 억제해주며, 카테킨과 같이 과산화지질의 생성을 낮춰 동맥경화를 예방해주고, 노화를 방지해주는 역할을 해준다. 이밖에도 멜라닌 색소 생성을 억제해주기 때문에 미백 효과도 있다.

이밖에도 녹차에는 비타민 B2(리보플래빈)가 시금치나 파슬리보다 더 많이 함유되어 있다. 비타민 B2가 결핍되면 피로와 우울증과 같은 신경 장애가 생길 수 있다. 녹차나 우롱차에는 β-카로틴도 많이 함유되어 있어 녹차를 자주 마시면 어느 정도 예방할 수 있다. 녹차에 함유된 비타민 E(토코페롤)는 시금치에 들어있는 양의 약 25배나 된다. 비타민 E는 몸에 좋은 고밀도 콜레스테롤(HDL)을 증가시키고 나쁜 콜레스테롤인 저밀도 콜레스테롤(LDL)을 감소시키는 작용을 한다. 이처럼 차에 들어있는 비타민 E는 동맥경화를 예방할 뿐만 아니라 카테킨과 같이 항산화 작용을 한다.

● 테아닌은 심신의 안정과 이완에 효과적이다

차에서 유심히 살펴볼 성분이 바로 테아닌(theanine)이다. 테아닌은 다른 식물에서는 거의 발견되지 않는 특유한 아미노산으로, 녹차 잎 1g당 약 10㎎이 함유되어 있다. 우리가 차를 마시면 긴장이 풀리고, 기분이 느긋해지며, 심신이 편해지는 것을 느낄 수 있을 것이다. 이는 테아닌이 신경계를 안정시켜 긴장을 이완시켜주기 때문이다. 게다가 차의 맛과 향을 좋게 해주는 역할뿐만 아니라 차에 함유된 카페인의 활성을 떨어뜨려 카페인으로 인한 부작용을 줄여주는 역할도 한다. 테아닌의 이런 작용 때문에 현대 의약품에서 신경안정제나 우울증 치료제, 수면 보조제 등으로 활용되고 있다. 화학약품과는 달리 천연재료인 테아닌은 부작용이 없다.

당류는 면역력 개선과 혈당 조절을 도와준다

차에 함유된 당류는 카테킨과 함께 혈당의 상승을 억제하여 당뇨병에 탁월한 효과가 있으며, 녹차 다당류는 혈중 면역력 개선에 효과적이다. 그런데 다당류는 차의 어린 잎으로 만든 고급 차보다 다 자란 거친 잎으로 만든 저렴한 차에 더 많이 함유되어 있다. 이밖에도 찻잎 성분 중 5~6% 정도를 차지하는 차의 무기 성분이 건강증진에 도움이 된다. 차의 무기 성분의 대부분은 칼륨과 인인데, 차의 칼륨은 고혈압에 유용한 작용을 하며 차의 망간은 효소의 활성화에 중요한 역할을 한다.

이외에도 차에는 현대인에게 필요한 유용한 성분과 다양한 약리작용이 있다. 천연식품이기 때문에 우리 몸에 특별히 해를 끼치지 않아 많은 현대인의 필수 건강음료로 자리매김하게 된 것이다. 영양제나 화학약품 형태로 섭취하기보다는 차를 마시며 잠깐의 여유를 가지면서 나에게 집중할 수 있는 시간을 가져 보는 것은 어떨까.

TEA　　TALK
녹차의 다양한 이름

녹차는 언제 딴 잎으로 만드느냐에 따라 품질과 이름이 결정된다. 녹차는 가지 끝에 갓 돋아난 여린 잎을 청명 전후에 딴 것을 가장 높게 평가한다. 청명은 춘분과 곡우 사이로 양력으로는 4월 5일쯤 되는데, 청명 전에 딴 것을 '명전차'라고 부른다. 비가 내리고 본격적인 농사가 시작되는 곡우(양력 4월 20일쯤) 전에 딴 차(첫물차)를 '우전차(雨前茶)'라고 해서 매우 귀하게 여긴다. 그리고 45일 후쯤 처음 찻잎을 딴 곳에서 돋아난 여린 잎을 두 번째로 따고(두물차), 다시 45일 후 세 번째(세물차), 그리고 9월에 네 번째(네물차) 잎을 딴다. 찻잎을 따는 시기가 늦을수록 품질은 떨어진다.

좋은 차를 선택하려면 차의 외형, 향기, 색 등을 잘 살펴야 한다. 녹차는 겉모양이 가늘고 광택이 있으며 잘 말린 것이 좋다. 잎을 손으로 쥐었을 때 단단하고 무거운 느낌이 드는 것이 상품에 속한다.

TEA TALK
건강 지킴이 녹차의 3대 성분과 효능

오늘날 녹차는 기호 음료로 사랑받고 있지만, 과거에는 약초로 더 사랑을 받았다. 그만큼 녹차가 지닌 효능은 무궁무진하여 헤아릴 수 없을 정도다. 일단 녹차라고 하면 대표적인 세 가지 성분을 먼저 떠올릴 수 있어야 한다. 카테킨과 테아닌, 비타민이 바로 그것이다.

1. 항암과 혈관 건강에 효과가 큰 카테킨

녹차의 매력적인 쌉싸름한 맛은 카테킨이라 불리는 타닌산 성분 때문이다. 항산화 작용을 하는 폴리페놀의 한 종류인 카테킨은 항암 효과와 혈관 건강에 뛰어난 효능이 있다고 알려져 있다. 녹차에는 10~17%의 카테킨이 함유되어 있어 녹차를 즐겨 마시면 강력한 항암 효과를 기대할 수 있다. 암세포 발생 초기 단계에서 발암 물질을 해독하거나 활성산소가 정상 세포의 DNA를 손상하지 못하게 막아주는 효과가 있다.

이밖에도 혈압을 낮추어주며 심장으로 혈류를 늘리는 효과도 있다. 또 소화 기간 내에서의 콜레스테롤의 흡수를 저해하고 지질의 체내 침착을 억제한다. 따라서 혈압을 떨어뜨리고 심장을 강화하며, 지방간이나 동맥경화를 예방한다. 또 녹차의 카테킨 성분은 에너지 소비를 높이고 체지방을 연소하는 효과가 있어 다이어트에도 좋다는 연구 결과가 있다.

2. 긴장 완화와 수면의 질을 높여주는 테아닌

녹차의 테아닌은 찻잎에 1~2% 정도 함유되는 아미노산의 일종이다. 찻잎 가운데에서는 첫 번째로 따는 잎으로 만든 우전에 특히 테아닌이 풍부하다. 테아닌의 주요 작용은 긴장 완화에 따른 심신의 이완과 수면의 질을 높여주는 것이다. 또 혈압을 낮춰주고 흥분을 가라앉히며, 뇌와 신경계 기능을 조절해준다. 이밖에도 카페인과 같이 합동하여 수 계산이나 기억력, 문장력 등 뇌 기능 향상에 도움을 준다. 반면에 카페인의 부작용은 낮춰준다. 낮은 온도에서 우러나는 테아닌은 차의 감칠맛을 내는 데 큰 역할을 한다. 차의 독특한 맛은 바로 카테킨의 떫은맛과 테아닌의 감칠맛이 조화를 이룬 것이다.

3. 피부 노화와 면역 기능을 강화하는 비타민

비타민은 체내 대사과정이 원만하게 이루어지는 데 꼭 필요한 성분이다. 하지만 체내에서 만들어지지 않고 음식을 통해서 섭취해야만 한다. 기름진 음식을 많이 섭취하고 채소나 과일 섭취가 부족한 현대인들 대부분은 비타민 부족에 시달리고 있다. 이때 녹차를 즐겨 마시면 비타민 섭취에 많은 도움이 된다. 차에는 비타민 C를 비롯해 비타민 E, 비타민 A, 베타카로틴 등이 풍부하다. 이 성분들에는 항산화 작용, 면역 기능 강화, 지방 산화 방지 등의 기능이 있다. 특히 비타민 C와 비타민 E는 피부에 탄력을 주고 피부 노화를 늦추는 기능이 탁월하다.

품격 있게 차 마시기

차를 끓여 마시는 데 필요한 도구를 다구(茶具) 혹은 다기(茶器)라고 한다. 과거에는 인테리어 소품 역할도 담당했기에 실용성보다는 디자인적인 측면에 초점이 맞춰져 있었다. 하지만 최근에는 바쁜 현대인의 생활을 반영해 간편하면서도 현대적인 감각을 살린 다양한 다구가 소개되고 있다. 지금도 다구의 대부분은 도자기류인데, 유리 재질의 티포트에 분리 가능한 거름망이 있어 편리하게 찻잎을 우려낼 수 있는 다구 등 실용적인 것들이 앞다투어 등장하고 있다.

MTM을 제대로 즐기기 위해 다구 몇 가지는 장만하길 권

한다. 일습을 갖출 필요는 없지만, 한 번 장만하면 오래 사용할 수 있는 만큼 다관과 찻잔, 숙우 등 몇 가지는 마음에 드는 것으로 장만하면 자신을 대접하는 느낌마저 들 것이다. 자연이 만들어낸 도자기에 자연을 품은 차가 만나 제대로 된 차의 맛과 향을 즐길 수 있다면 나를 위한 괜찮은 투자가 아닐까?

기본적인 차 도구가 궁금하다

차를 끓여 마시려면 탕관, 다관, 찻잔과 찻잔 받침, 숙우, 퇴수기, 다호, 개반, 차시, 다건, 찻상 등이 필요하다. 물론 MTM에 이 모든 것이 꼭 있어야 하는 것은 아니다. 탕관 대신 전기 티포트, 숙우 대신 핸드드립용 커피포트를 사용할 수도 있고, 퇴수기로 넓은 볼을 사용할 수도 있다. 찻잔 받침이나 개반, 차시가 없어도 크게 문제가 되지는 않는다. 다구의 종류는 생각보다 많을 수 있다. 하지만 한꺼번에 살 필요는 없다. 차를 마시며 필요한 것들을 하나씩 장만하는 재미도 있다. 혼자 마실 때는 '독철개완(獨啜蓋碗)'처럼 다관과 찻잔만으로 된 다구로도 훌륭한 MTM을 할 수 있다. 하

지만 2~3명이 함께 마실 때를 대비해 2~3인용 다구를 준비
해도 좋다.

다관(찻주전자)

다관(茶罐)은 찻잎을 넣고 끓인 물을 부어 우려내는 그릇
을 말하는데, 주전자와 비슷하게 생겨 찻주전자라고도 한
다. 다관은 주로 청자나 백자, 분청사기 등 도자기로 된 것
을 쓰나, 간혹 은이나 놋쇠 등으로 만든 다관을 사용하기도
한다. 다관은 모양새와 손잡이에 따라 명칭이 달라진다. 상
파형은 주전자처럼 손잡이가 위에 있고, 후파형은 손잡이
가 뒤에 달렸으며, 횡파형은 손잡이가 옆에 있고, 보병형은
손잡이가 없다. 우리나라에서는 횡파형 다관을 많이 사용
한다.

다관을 고르는 데는 3수 3평(三水三平)의 원칙이 있다. 3
수(三水)란 출수(出水), 절수(折水), 금수(禁水)를 말한다. 출수
(出水)는 물대에서 나가는 물줄기가 힘차면서도 예상 지점
에 물이 떨어지는 것이고, 절수(折水)는 물 끊김이 깨끗해서
남은 물이 흘러내리지 않는 것을 말한다. 금수(禁水)는 뚜
껑에 물이 잘 따라질 수 있도록 공기구멍을 뚫어 놓았는데,
구멍을 막으면 물이 나오지 않을 만큼 뚜껑이 잘 맞는 것을

말한다.

3평(三平)이란 물대 끝과 몸통의 전[입구] 그리고 손잡이의 끝이 같은 높이가 되어 수평을 이루는 것을 말한다. 3평의 원칙을 지키지 않으면 사용하는 데 여러 가지 불편이 따른다. 물대 끝이 몸통의 전보다 높으면 다관을 많이 기울여서 찻물을 따라야 하는 불편이 있다. 반대로 물대 끝이 전보다 낮으면 다관에 물을 부었을 때 물대 끝으로 찻물이 넘쳐 전 가득히 물을 채울 수 없다. 손잡이의 끝이 물대, 몸통의 전과 수평을 이루지 않으면 무게 중심이 안정되지 않아 사용하기에 불편하다.

찻잔과 찻잔 받침

찻잔의 재료는 금, 은, 옥, 도자기 등이 쓰이고 찻잔의 형태에 따라 명칭이 달라진다. 주둥이가 넓고 아래로 갈수록 좁아지는 형태를 잔(盞)이라고 하고, 아랫부분에 굽이 높이 서 있는 것을 배(盃)라 하며, 위와 아래의 크기가 같고 몸통이 높아 수직으로 솟은 형태를 종(種)이라고 구분한다. 찻잔은 주로 자기 제품을 사용하며, 색은 흰색이 좋은데 그것은 차의 색을 더욱 선명하게 해주기 때문이다.

찻잔의 크기는 개인의 취향에 따라 다르겠지만 굳이 따

진다면 차의 종류에 따라 달라진다. 소형의 찻잔은 최상품의 끽다용(喫茶用)으로, 중형의 찻잔은 중등품 이상의 음다용(飮茶用)으로, 그리고 대형의 찻잔은 낮은 등급의 차를 마실 때 적합하다.

찻잔 받침은 찻잔을 받치는 다구로 차탁(茶托)이라고도 한다. 재료로는 도자기, 은, 주석, 구리, 나무, 대나무 등이 사용되는데, 찻잔과 같은 재질을 사용하는 게 흔하다. 하지만 잔과 받침이 부딪치는 소리가 나지 않고, 깨지는 것을 방지하기 위해 나무나 대나무로 만든 것을 많이 사용한다. 형태는 원형, 타원형, 배형 등이 있다.

숙우

흔히 '물 식힘 그릇'이라고 하는데, 다관에 넣을 끓인 물을 적당한 온도로 식히거나 우려낸 찻물을 찻잔에 나눌 때 사용한다. 숙우(熟盂)의 재질 역시 자기가 많으며, 보통 사발 모양을 하고 있다. 좋은 숙우는 다관에 물을 부을 때 물이 잘 따라지도록 주둥이가 잘 만들어져야 한다. 요즘은 사용하기 편리한 유리나 동이나 양철로 된 핸드드립 커피포트를 숙우 대신 사용하기도 한다.

퇴수기

'물 빠짐 그릇' 혹은 '물 버림 그릇'이라고 한다. 차를 우려서 마실 때 다관이나 찻잔 데운 물이나 마시고 남은 찻물, 다 우려낸 찻잎 등을 버리는 그릇이다. 퇴수기의 재질은 목재류, 금속류, 도자기류가 주를 이루며, 모양은 원통형에서 항아리형, 사방형 등 다양하다. 가장 흔히 볼 수 있는 퇴수기는 나무 퇴수기와 자기 퇴수기인데, 나무 퇴수기는 사방형이 많고, 자기 퇴수기는 입구가 넓은 제품이 사용하기 편리하다.

다호

차에 습기나 냄새가 배어들지 않도록 찻잎을 넣어 보관하는 통이나 단지를 다호(茶壺)라고 한다. 재료는 은, 주석, 양철, 자기 등이 쓰인다. 용기가 크지 않은 것이 차 보관에 좋다. 도자기 종류의 차호는 뚜껑이 잘 밀폐되지 않는 경우가 있어 주의가 필요하다. 요즘은 흔히 이중 뚜껑으로 된 양철로 된 차호가 많이 쓰이고 있다.

차시(찻숟가락)와 집게

차시(茶匙)는 다호에서 차의 양을 알맞게 덜어내는 도구로, 차칙(茶則)이라고도 한다. 주로 대나무와 오동나무로 만든 제품을 사용하는데, 이는 나무 재질의 차시가 차의 향을 변질시키지 않기 때문이다. 집게 역시 대나무나 오동나무로 만든 제품이 많은데, 다관에 있는 우린 차를 꺼낼 때 주로 사용한다.

개반

다관의 뚜껑을 올려놓는 도구로, 나무 또는 자기 재질의 제품을 사용한다.

탕관

물 끓이는 다구를 말한다. 종류는 그 형태에 따라 다리가 달린 솥인 다정(茶鼎), 다리가 없는 솥인 다부(茶釜), 주전자 형의 철병(鐵甁) 등이 있다. 재료는 금, 은, 동, 자기 등이 있다. 예전에는 무쇠나 구리로 된 주전자를 많이 사용했으며, 그것을 사용할 때는 녹이 나지 않도록 주의해야 한다. 탕관은 물 끓는 소리가 맑은 것일수록 좋은데, 요즘에는 강화유리 티포트나 동 주전자, 알루미늄 주전자 등 편리한 제품들이 사용되고 있다.

다건(차수건)

찻잔 등을 닦는 데 쓰이는 수건으로, 가장 흔한 게 거즈나 면으로 만든 작은 수건이다. 무늬가 없는 흰색 천을 주로 사용한다. 찻잔을 닦는 것과 다른 여러 다구를 닦는 것으로 구분해서 쓰면 좋고, 흡수력이 좋아야 한다.

찻상

차를 마실 때 찻잔을 올려놓는 상을 말한다. 찻상은 차와 다식을 나르고, 놓고 마시는 기능을 해야 하므로 재질이 가벼워야 하고 접고 이동하기 편해야 한다. 찻상은 대부분 둥글거나 네모진 모양이다. 찻상의 높이가 너무 높거나 낮으면 차를 마시기 불편하므로 적당한 높이여야 한다.

다포(찻상보)

다구에 먼지가 쌓이지 않도록 덮어주는 보자기다. 여름에는 삼베나 모시, 가을에는 무명, 겨울에는 명주 제품을 사용한다. 주로 흰색 제품을 쓴다.

차의 전 과정을 알아야 제대로 즐길 수 있다

차를 준비하고 우리고 마시는 순서를 제대로 알아야 물 흐르듯 차를 즐길 수 있다. 물 끓이기에서 마무리까지의 전 과정을 간략하게 정리해 봤다. 자세한 내용은 3장에서 다루므로 2장에서는 전체적인 흐름 정도만 파악할 수 있도록 간단히 다루었다.

① 물 끓이기

차 우릴 물을 끓인다. 물이 차 맛을 좌우하는 만큼 맑고 깨끗한 물을 사용하는 게 좋다. 다만 요즘에는 수질과 편리성을 생각해 정수기 물이나 시중에 파는 생수 중 수질이 좋은 것으로 택한다. 물 끓이는 도구를 흔히 탕관이라고 하는데, 전기 티포트면 충분하다. 물은 섭씨 100℃까지 끓였다가 차분히 가라앉은 다음 사용한다.

② 다구 덥히고 헹구기

물이 다 끓으면 본격적으로 차 우릴 준비를 한다. 우선 탕관(티포트)의 끓은 물을 숙우에 조심스럽게 따른 다음, 다관과 찻잔에 부어 예열한다. 이때 다관에 먼저 물을 부어 다관이 데워지면 그 물을 다시 찻잔에 붓는다. 다관과 찻잔을 데운 물은 천천히 세 번 정도 돌려 헹군 다음 퇴수기에 버린다.

③ 찻물의 온도 맞추기

차의 맛은 물의 온도에 따라 달라진다. 물의 온도가 너무 높으면 카페인 성분이 많이 우러나서 맛이 쓰게 되고, 너무 낮으면 향이나 수용성 성분이 충분히 우러나지 않아 맛이 싱거워진다. 차의 종류에 따라 적정한 물의 온도는 달라진다. 보이차나 홍차 등은 100℃의 뜨거운 물이 적당하고, 녹차는 증제된 차인지 덖은 차인지에 따라 달라지는데 증제 녹차는 70~80℃ 전후가 적당하다. 덖은 녹차는 높은 온도에서 짧게 우려내도 되지만 우전이나 세작 같은 고급 녹차는 60~70℃의 물에서 천천히 우리는 것이 좋다.

④ 다관에 찻잎 넣기

따뜻하게 덥힌 다관에 차시로 찻잎을 적당량을 덜어내 담는다. 이때 그 분량을 얼마로 할지는 차의 종류, 마실 차의 양, 마실 사람의 취향에 따라 다르기는 하지만, 보통 너무 진하지도 싱겁지도 않게 찻잎의 양을 조절한다. 보통 말린 잎 차의 경우 1인당 2~3g 정도(찻숟가락으로 하나 남짓)면 알맞다. 하지만 3~5인이면 밥술로 조금 소복하게 한 술가량 된다. 우전이나 세작은 이보다 적게 넣는 것이 좋고, 다자란 잎이거나 발효차인 경우는 조금 많이 넣는다.

⑤ 차 우리기

차 우리기의 핵심은 물의 온도와 우리는 시간이라고 할 수 있다. 보통 잎 차의 초탕은 다관에 물을 부어 1분 전후로 우리는 것이 좋으며, 낮은 온도로 우리는 고급 녹차는 2분 정도가 적당하다. 잎이 거친 차는 끓인 물을 부어 찻잎을 헹구듯이 즉시 따라낸 후 다시 물을 부어 재탕하기도 한다. 끓인 물의 온도가 낮거나 물의 양에 비해 차의 양이 적을 때는 우리는 시간을 길게 하고, 차의 양이 많으면 그 시간을 짧게 하는 것이 좋다. 일반적으로 햇차는 건조도가 높아 묵은 차보다 늦게 우러나므로 시간을 더 잡아야 한다.

⑥ 차 따르기

다관에서 우러난 차는 찻잔에 70~80% 되게 따른다. 다만 여러 잔에 따를 때는 두 번에 나눠 따르는데 순서를 정해 따른 뒤 다시 반대 순서로 돌아오면서 잔을 채운다. 이렇게 하면 농도도 같아지고 온도도 비슷해지므로 손님 모두 같은 차 맛을 즐길 수 있다. 잔에 차를 따르는 순서는 차를 우리는 사람부터 손님의 차례로 갔다가 다시 되돌아오는 식으로 따르는 것이 예의이다.

⑦ **차 마시기**

차가 손님 앞에 다 놓였으면 팽주(烹主: 차를 우려서 내놓는 사람)는 손님을 향해 가볍게 눈인사를 하거나 "차 드십시오"라고 권한 후 같이 마신다. 찻잔의 차는 두세 번에 나누어 마시되, 머금어 굴리듯이 차가 입안에 고루 베이게 하면 타닌의 살균 작용과 불소 성분으로 인하여 치아에 좋고 풍미를 한층 오래 즐길 수 있다.

차를 마실 때는 잔 받침은 그대로 두고 두 손으로 잔을 들어 오른손으로 잔을 잡고 왼손으로 잔을 받친다. 또 차를 마실 때는 소리가 나지 않아야 하며, 차를 다 마시고 나서 찻잔에 남은 향기를 맡고 잔을 내려놓거나 잠시 기다렸다가 입안에 남은 차의 뒷맛을 감상하는 것도 차의 풍미를 아는 일이다.

차는 오감으로 마신다고 한다. 눈으로는 다구와 차를, 귀로는 찻물 끓는 소리와 찻물 따르는 소리를, 코로는 향기를, 입으로는 차의 맛을, 손으로는 찻잔의 감촉을 즐기기 때문이다.

⑧ 마무리

차 마시기가 끝났으면 천천히 다관과 찻잔, 기타 차 도구를 정리한다. 우선 다관에 있는 찻잎을 차 집게로 건져 퇴수기에 버린다. 그런 다음 깨끗한 물로 다관과 찻잔을 헹군다. 다관은 찌꺼기가 남지 않도록 물을 충분히 부어 깨끗하게 헹군다. 다관과 찻잔은 다포로 물기를 제거해 잘 건조한다. 숙우와 탕관, 퇴수기 등도 깨끗이 헹궈 보관한다.

〈한눈에 보는 찻일의 전 과정〉

MTM은 차를 명상 도구로 하는 만큼 차의 전 과정을 알아두면 도움
이 된다.

① 물 끓이기	포트에 깨끗한 물을 붓고 100℃까지 끓인다.
↓	
② 다구 덥히고 헹구기	차분히 가라앉은 뜨거운 물을 숙우에 담아 다관과 찻잔을 덥힌다.
↓	
③ 찻물의 온도 맞추기	숙우의 물이 적정 온도가 될 때까지 차분히 기다린다. 뜨거운 물로 우려도 되는 차는 굳이 식을 때까지 기다리지 않아도 된다.
↓	
④ 다관에 찻잎 넣기	1인당 찻잎 2~3g을 다관에 덜어 넣는다. 개인의 기호에 따라 양을 조절한다.
↓	
⑤ 차 우리기	찻잎이 담긴 다관에 숙우의 물을 따르고, 1~2분 정도 기다린다.
↓	
⑥ 차 따르기	잘 우려진 차를 찻잔에 7~8할 정도 따른다.
↓	
⑦ 차 마시기	찻물을 입 안에 머금고 향과 맛을 충분히 음미한 다음 삼킨다.
↓	
⑧ 마무리	다구와 다기를 깨끗이 헹군 다음 주변을 정리한다.

ⓒ 곽용섭

TEA TALK

1인용 명상 다구, 독철개완

차를 마신다는 표현에는 음다(飮茶), 끽다(喫茶), 철다(啜茶)가 있는데, 철다에는 차를 여러 번에 나눠 음미하듯 마신다는 뜻이 있다. 즉, 독철(獨啜)이란 철저하게 혼자 차를 마시며 음미한다는 강조의 의미가 있다. 개완(蓋碗)은 중국 송대(宋代)에 사용되던 뚜껑이 있는 일인용 찻잔으로, 주로 선비나 수행자가 사용했던 것으로 보인다.

조선의 초의선사는 『다신전』 10장 음다편에서 음다의 단계를 5가지 구분했다. 혼자 마시는 것이 신령스럽고 그윽한 최상의 경지(獨啜曰神)이며, 손님이 두 명까지는 승(勝)이라 하여 빼어난 것(二客曰勝)이고, 3~4명이 마시면 멋스러운 취미를 즐김(三四曰趣)이고, 5~6명이 마시면 덤덤할 뿐(五六曰泛)이고, 7~8명이 마시면 그저 나누어 마시는 베풂(七八曰施)이라고 했다. 차를 마실 때는 모름지기 손님이 적을수록 좋다고 했다. 여럿이 마시면 수선스럽고 우아함이 없어진다고 보았다. 가장 좋은 음다로는 오로지 자신에게 집중할 수 있는 독철을 최고로 쳤다.

MTM의 명상 다구인 독철개완(獨啜蓋碗)은 독철과 개완의 합성어로, 말 그대로 음미하며 마시는 1인용 다구이다. 단순히 차를 마시는 게 아니라 차를 마시는 전 과정을 통해 마음을 들여다보고 닦고자 하는 열망이 담겨 있다. MTM 독철개완의 특징 중 하나는 다섯 개의 구멍인데, 이는 오개(五蓋)를 상징한다. 마음을 어지럽게 하여 명상수행을 방해하는 다섯 가지 번뇌인 탐욕, 성냄, 혼침과 게으름, 들뜸과 후회, 의심을 제거한다는 의미이다. 차를 통해 마음을 고요히 가라앉히고 자신을 들여다보는 도구가 되기를 바라는 마음을 담았다.

1. 다관과 찻잔 데우기

2. 찻잔 데운 물 퇴수기에 버리기

3. 숙우에 끓인 물 담기

4. 다관에 차 담기

5. 찻잎 넣은 다관에 물 따르기

6. 우려진 찻물을 찻잔에 따르기

TEA TALK

MTM 초보자의 말차 체험기

"부드러운 맛도 좋지만 만드는 과정이 재밌어요"

말차는 어린 찻잎을 증기에 찌고 말린 후 부드러운 잎만 골라 곱게 가루를 낸 것입니다. 제가 말차를 처음 마신 것은 오래전 일본의 가마쿠라에 여행 갔을 때입니다. 마침 비가 내리고 있어서 사찰의 처마에서는 물이 똑똑 떨어지고, 찻집 앞의 대나무 숲에서는 바람을 따라 대나무들이 군무를 추는 듯했습니다. 따뜻한 차 한 잔 마시기에 더없이 좋은 날이었습니다. 사발처럼 생긴 검은색 넓은 잔에 잔거품이 풍성한 녹색 말차가 나왔는데 색도 예쁘고 맛도 부드럽고 풍미도 가득했습니다.

MTM을 시작하고 얼마 되지 않아 말차를 만들어 마시게 되었습니다. 직접 말차를 만들어본 적이 없어서 조금은 걱정도 되고 흥분도 되었습니다. 말차는 일반 차와 달리 '차선'이라는 도구로 거품을 만들어내는 '격불' 과정이 있습니다. 말차의 맛은 격불을 얼마나 잘하느냐에 달렸다고 해도 과언이 아닙니다. 처음에는 거품을 내느라 정신없이 손목 운동에 집중하게 되지만, 조금 지나면 손목의 움직임과 마음을 보게 됩니다. MTM이 저절로 된다고나 할까요? 너무 지나치게 힘을 주어도 안 되고, 너무 힘을 빼도 안됩니다. 또 긴장해서 엉뚱하게 이를 악물어도 소용없습니다. 긴장과 이완이 잘 조절된 균형 잡힌 힘이 맛있는 말차를 만들어내니까요. 참고로 다 마셨을 때 가루가 남지 않아야 잘 만든 겁니다. 한번 따라 해보세요~~~.

차는 빛과 바람과 흙과 물이 함께 만들어낸 자연의 선물이다.
단순해 보이는 차가 사람과 자연을 이어주고,
사람과 사람을 이어주며, 그리고 사람과 문화를 이어준다.
차 안에는 몸과 마음, 자연뿐만 아니라 문화가 녹아있기 때문에
차는 우리 삶을 편안하고 풍요롭게 만들어주는 훌륭한 도구이다.

start
MTM

MTM은 있는 그대로의 나를 만나는 시간이다.
우리의 감각기관을 총동원해 차와 함께하는 지금 이 순간,
생각이 아닌 실제를 경험하게 된다.

Mindful Tea Meditation   Chapter three ǀ start MTM

start
MTM

앞에서 MTM이 무엇인지, 차는 무엇이며 어떻게 마시는지
충분히 살펴보았다면, 이번 장에서는 본격적으로 MTM을 따라 해보자.
이론으로만 접했던 MTM을 직접 해보면서 이제까지 놓쳤던
많은 부분을 보고 듣고 느끼게 될 것이며, 이로 인해 행복이 멀리 있지
않음도 직접 경험으로 알게 될 것이다.

MTM의 기본 과정 따라 하기

MTM은 차를 도구 삼아 몸과 마음을 편안하게 이완시켜 내가 행복해지는 생활명상이다. MTM은 차뿐만 아니라 차 마시기와 관련된 모든 것이 주요 관찰 대상이다. 찻잎의 모양과 색깔부터, 물 끓는 소리, 물 따르는 소리, 물 떨어지는 소리, 찻잎의 향, 우려진 차의 향, 입 안 가득 퍼지는 차의 맛, 다관의 모양과 질감, 다관의 무게와 온도, 입술에 닿는 찻잔의 느낌, 온몸으로 퍼지는 따뜻한 느낌 등 모든 것이 마음챙김과 알아차림의 대상이 된다. 차를 다루고, 우리고, 마시는 전 과정이 MTM의 관찰 대상인 것이다.

쉽게 설명하자면 MTM은 단순히 차를 마시는 것에서 그치지 않고, 여섯 감각기관(빛을 보는 눈, 냄새를 맡는 코, 소리를 듣는 귀, 맛을 분별하는 혀, 촉감을 느끼는 피부, 생각)을 통해 만나게 되는 감각 대상에 마음을 보내 현재 이 순간에 머무는 훈련을 하는 것이다. 그러려면 가장 먼저 몸과 마음이 이완되어야 한다. 몸과 마음이 경직되어 있거나 긴장해 있으면 명상이 힘들어진다. 즉, 마음을 차분히 가라앉히고 차를 마시면서 이리저리 방황하는 마음을 아무 판단 없이 그대로 보고 아는 것이 MTM의 기본이자 핵심이다.

● MTM은 마음가짐이 중요하다

MTM을 할 때의 마음가짐은 매우 중요하다. MTM을 어떤 마음가짐으로 임하느냐에 따라 결과도 달라진다. 사람들이 흔히 범하기 쉬운 몇 가지만 조심하면 누구나 어렵지 않게 따라 할 수 있다.

첫째, 긴장하지 말고 자연스럽게 힘을 빼고 해야 한다. 잘하겠다고 지나치게 욕심을 부린다거나 과도하게 힘을 주어서는 안 된다. 오히려 지나친 욕심이 긴장을 일으켜 MTM의 효과를 떨어뜨릴 수 있다. 그렇다고 무작정 느슨하란 말은 아니다. 느슨함과 긴장이 적당히 균형을 이룬 상태가 좋다.

둘째, 판단이나 선입견 없이 있는 그대로를 바라보아야 한다. 물소리를 들으며 뭔가를 연상하며 생각에 빠진다거나 과거의 기억을 떠올리며 망상에 빠지지 말고 있는 그대로를 느껴야 한다. 물소리에 귀를 기울일 때는 떨어지는 물소리에 집중하고, 맛을 볼 때는 떫은지 상큼한지 느껴지는 대로 느끼면 된다. 이때 내 마음에서 어떤 감정이나 느낌이 일어나면 일어나는 대로, 없어지면 없어지는 대로 그런 감정이나 느낌이 없다면 없음을 알아차리면 된다.

셋째, 집착하지 말아야 한다. 맛이 좋다고, 향이 싫다고 집착하는 것은 이미 지금 이 순간에 없다는 의미이다. 언젠가 좋았던 물소리와 지금의 물소리를 비교하며 집착해서는 안 된다. MTM은 지금 이 순간 대상에서 일어나는 현상에 집중하고 알아차리는 게 전부이다. 과거의 좋았던 기억에 집착하거나 정해 놓은 틀에 가두려고 하지 말고 열린 마음으로 그때그때 알아차리면 된다.

넷째, MTM은 차분하고 느긋한 마음으로 해야 한다. 차 운전을 할 때 속도를 낮추면 낮출수록 보이는 게 많은 것과 같다. 천천히 움직일수록 보이지 않던 것이 숨은 그림 찾듯 서서히 온전히 제 모습을 드러낸다. 마음이 급하거나 생각이 많아지면 집중도 안 되고 많은 것을 놓치게 된다. 적어도 MTM을 하는 동안만이라도 생각을 내려놓고 느긋함과 여유로움으로 그동안 보지 못했던 많은 것들을 비로소 보는 계기가 되길 바란다.

● 이완으로 시작해 알아차림으로 발전한다

현대인들에게 긴장은 숙명과도 같다. MTM은 지독한 긴장에서 벗어나 몸과 마음이 이완될 수 있도록 도와주는 명상이다. 몸과 마음의 이완을 통해 오감을 충분히 느끼면서 현재의 내 모습에 머물도록 도와준다. 이제 본격적으로 MTM의 세계로 들어가 보자. 준비과정에서 마무리까지 함께 따라 하면서 MTM이 얼마나 매력적이고 쉬운지 새삼 놀라게 될 것이다.

시작은 가벼운 이완으로

MTM은 몸과 마음의 이완으로 시작한다. 방석이나 매트 위에 앉아 허리를 펴고 몸에서 힘을 빼고 편안한 자세를 취한다. 다리는 평좌나 반가부좌가 좋고, 손은 가볍게 무릎 위에 올려놓는다. 그런 다음 어깨를 들었다가 툭 내려놓으며 몸의 긴장을 풀어준다. 입은 가볍게 다물되 웃음을 머금은 듯 입꼬리가 가볍게 올라가도록 한다. 별것 아닌 것 같아도 왠지 편안하고 행복한 마음이 든다.

편안한 마음으로 숨을 깊게 들이마시고 천천히 내뱉기를 세 번 한다. 심호흡만으로도 이완의 효과가 있다. 그런 다음에는 두 눈을 살포시 감고 온몸을 관찰한다. 머리에서부터 눈꺼풀, 코, 입, 턱, 어깨, 팔, 허리, 다리 등 몸 구석구석에 주의를 기울이며 긴장한 부분은 없는지 살펴본다. 긴장된 부분이 있다면 긴장했음을 알고 이완시킨다.

물 끓는 소리와 물의 움직임에 집중

본격적인 MTM은 물 끓이기에서 시작한다. 천천히 눈을 떠 고요히 가라앉은 마음 상태를 유지하면서 차 우릴 물을 끓인다. 생수병을 들어 물의 끓는 과정을 볼 수 있는 티포트에 가만히 물을 붓고 물이 끓기를 기다린다. 처음에는 별다른 움직임이 없다가 물이 끓기 시작하면 많은 현상이 일어난다. 뽀글뽀글 한두 방울 올라오는 물방울에서부터 온도에 따라 달라지는 물방울의 크기와 모양에 주의를 기울

인다. 온도가 올라갈수록 물방울 크기는 커지고 물의 움직임도 빨라진다. 물은 요란한 소리를 내며 위아래로 뒤섞인다. 그러다 스위치가 꺼지면 거짓말처럼 물방울은 작아지고 요란하게 끓던 소리도 사라진다. 이 모든 것이 MTM의 관찰 대상이 된다. 눈과 귀로 들어오는 대상의 다양한 변화에 알아차림을 유지하도록 한다. 관찰 대상은 물방울이 될 수도 있고, 물 끓는 소리가 될 수도 있다. 이 가운데 하나나 둘을 정해 알아차림을 유지하는 게 중요하다.

감각을 느끼며 다관·찻잔 예열하기

물이 다 끓으면 본격적으로 차 우릴 준비를 한다.

① 탕관(티포트)의 끓던 물이 차분히 가라앉기를 기다렸다가 숙우(물 식힘 그릇)에 물을 따른다. 숙우 대신 핸드드립 커피포트도 무방하다. 탕관의 무게라든가 물을 따를 때의 팔의 움직임, 물 떨어질 때의 물소리와 물줄기 등 감각기관을 통해 들어오는 다양한 대상 하나하나에 주의를 기울인다. 탕관이 무거우면 무겁다고 알아차림 하면서 팔의 어느 부분에 힘이 들어가는지도 관찰한다.

② 숙우에 담긴 뜨거운 물로 다관과 찻잔을 예열한다. 뜨

거운 물은 다관과 찻잔을 따뜻하게 덥혀 맛있는 차가 잘 우러나게 준비하는 역할뿐만 아니라 다구를 살균하는 역할도 한다. 제일 먼저 차를 우리는 다관(찻주전자)의 뚜껑을 열어 개반(받침대) 위에 올려놓는다. 개반이 없으면 테이블 위에 내려놓는다. 그런 다음 숙우의 물을 천천히 다관에 붓는다. 이때도 다관의 뚜껑을 잡을 때의 손의 감각, 뚜껑을 개반에 내려놓을 때의 팔의 움직임, 숙우의 따뜻함과 질감, 숙우를 기울일 때의 팔의 느낌 등에 주의를 기울인다. 매 순간 대상에 마음을 모아 주의 깊게 관찰하며 알아차림을 유지한다. 숙우의 물을 다관에 따를 때는 물 떨어지는 소리와 물줄기 등 물의 움직임에 주의를 기울여 관찰하며 알아차림 한다.

③ 다관이 어느 정도 데워졌으면 다관 뚜껑을 덮고 다관의 물을 찻잔에 부어 예열한다. 다관과 찻잔의 물은 3바퀴 정도 돌려 골고루 예열하는데, 천천히 그 움직임에 초점을 맞춰 알아차림을 유지한다. 다관과 찻잔을 덥힌 물은 퇴수기에 버린다. 이때도 그냥 버리지 말고 동작 하나하나에 주의를 기울인다. 자연스럽게 동작은 느려지고 대상에 마음을 보내 함께하는 일이 익숙해진다.

오감과 함께하는 차 우리기

① 다관 뚜껑을 열어 개반 위에 올려놓고 우릴 차를 차시(찻잎을 덜어내는 숟가락)로 적당량 덜어내 다관에 넣는다. 이때 찻잎의 모양이나 색깔을 살펴보고 차에서 나는 향도 맡아 본다. 차의 종류에 따라 모양도 색깔도 향도 다름을 알 수 있다. 차의 양은 본인의 취향이나 그날의 몸 상태에 맞춰 조절한다.

② 차가 담긴 다관에 물을 따르기 전에 숙우의 물 온도가 적당한지 확인한다. 차에서 물의 온도는 대단히 중요하다. 보이차나 홍차는 섭씨 100℃의 뜨거운 물로 우려내지만, 녹차의 경우 80℃ 정도가 적당하다. 따라서 숙우의 물이 너무 뜨겁다면 적정 온도가 될 때까지 느긋한 마음으로 기다린다. 이때 빨리 물을 따르고 싶은 조급한 마음이 일어나면 그 마음도 알아차린다.

③ 알맞게 식은 숙우의 물을 차가 담긴 다관에 따른다. 이때 손에 전해지는 숙우의 따뜻함을 충분히 느낀 다음 천천히 숙우의 높낮이를 달리하며 소리에 귀 기울인다. 숙우의 높이를 달리하면 차와 물이 잘 섞일 뿐 아니라 높이에 따라

달라지는 물 떨어지는 소리를 들을 수 있다. 또 다관에 떨어지는 숙우의 물줄기, 다관에 생기는 물방울과 잔물결, 물이 떨어질 때마다 사방으로 흩어지는 잎차 등 수많은 변화와 움직임에 주의를 기울여 관찰한다. 다관에 물이 차면 숙우를 바로 세운 다음 찻상에 천천히 내려놓으며 팔의 움직임에 주의를 기울인다. 개반 위에 놓았던 다관 뚜껑을 가져와 조심스럽게 닫는다. 다관 뚜껑은 다관에 나 있는 숨구멍이 다관 주둥이와 90도가 되도록 해야 찻잔에 찻물을 따를 때 제대로 흐르게 된다. MTM은 매 순간 대상을 있는 그대로 알아차리는 것이 중요하다. 다관에 숙우의 물을 따를 때, 숙우를 바로 세울 때, 숙우를 내려놓을 때, 다관 뚜껑을 덮을 때 천천히 움직이며 미세한 몸의 움직임과 느낌에 주의를 기울여 알아차린다.

④ 다관에 물을 붓고 1분 정도 지나면 찻물이 골고루 섞이도록 다관을 가볍게 움직여준다. 다관의 무게나 다관을 잡은 손의 감촉을 알아차림 하면서 천천히 다관을 움직이면 찻물의 출렁거림도 느낄 수 있다.

느낌과 함께하는 차 마시기

① 잘 우려진 다관의 찻물을 찻잔에 따른다. 이때 손은 다관의 물이 잘 따라지도록 편하게 하면 된다. 굳이 격식을 차려 손 모양에 신경 쓰기보다는 물의 흐름과 물 떨어지는 소리에 주의를 기울고, 찻잔에 떨어지는 물방울과 거품 등이 어떻게 변화해가는지 세심하게 관찰한다. 이와 함께 찻잔에서 피어오르는 차의 향과 수증기에도 주의를 기울여 알아차린다. 나도 모르는 사이에 차와 마음이 함께하면서 현재 이 순간에 머무르게 된다. 참고로 다관의 찻물은 한 방울도 남김없이 따르는 것이 좋다. 다관에 찻물이 남지 않아야 두 번째 우릴 때 맛있는 차를 마실 수 있다. 남아 있는 차가 시간이 지나면서 떫어질 수도 있고, 두 번째 차 맛에 영향을 줄 수도 있다.

② 다관을 천천히 제자리에 내려놓고 두 손으로 찻잔을 감싸쥐며 찻잔을 가슴 쪽으로 가져온다. 오른손으로 찻잔을 들어 왼손바닥 위에 올려놓는다. 이때 찻잔의 온기와 무게, 단단함, 팔의 움직임 등에 주의를 기울인 다음, 눈으로는 우러난 찻물의 색을 주시한다. 차의 양이나 우린 시간, 차 종류에 따라 찻물의 색이 모두 다르므로 작은 변화까지

도 놓치지 않고 알아차림을 유지한다. 주의집중력이 좋을수록 매 동작, 매 순간 놓치지 않고 보고 듣고 맛보고 느낄 수 있게 된다.

③ 찻잔을 코 밑까지 천천히 들어 올리면서 코끝에 닿는 차의 향에 마음을 보내 주의를 기울인다. 은은하게 풍기는 차의 향을 있는 그대로 느끼면서 세 번 정도 깊이 들이마시기를 반복한다. 차에 따라 다양한 향을 느낄 수 있다. 좋은 향이 느껴질 수도 있고, 싫어하는 향이 느껴질 수도 있는데, 이 모든 것을 느껴지는 그대로 느끼면 그만이다. 좋고 싫음의 감정이 올라오면 그것도 알아차림의 대상으로 삼는다.

④ 찻잔을 천천히 입술로 가져가 찻잔이 입술에 닿을 때의 촉감이나 따뜻함에 주의를 기울인다. 그런 다음 느긋한 마음으로 '흡' 하면서 차를 한 모금 입에 머금는다. 이때 차는 바로 삼키지 말고 입 안 골고루 퍼질 수 있도록 혀로 한 바퀴 돌려준다. 입 안 가득 차오르는 차의 향과 차 맛에 마음을 보낸다. 떫은맛, 신맛, 구수한 맛, 바다 맛 등 다양한 맛을 느낄 수 있다. 차의 향과 맛을 음미하면서 마음이 어떻게 반응하는지 느껴본다.

⑤ 차를 삼킨 후에도 알아차림을 유지한다. 따뜻한 찻물이 목과 식도를 타고 흐르면서 온몸으로 퍼지는 느낌을 관찰한다. 몸과 마음이 차분히 가라앉아 있을수록 그 느낌에 온전히 마음을 둘 수 있다. 따뜻한 차를 마시면 혈액순환이 좋아지면서 온몸이 훈훈해지고, 촉촉한 땀이 코끝과 이마 주위에 송송 맺힌다. 이 역시 알아차림의 대상이 된다.

MTM은 세 번 정도 차를 우려 마시게 된다. 차의 특성상 매번 경험하는 것이 달라지는데, 이들의 미세한 변화까지도 느끼고 알아차리는 게 MTM이다. 예를 들어 찻잔에 찻물을 따를 때마다 물소리도 달라지고, 다양한 물방울이 생겼다 사라진다. 한순간도 같은 것이 없다. 다관을 높게 들고 물을 따르면 맑고 높은 소리가 나고, 다관을 낮게 들고 따르면 낮고 굵은 소리가 난다. 매번 달라지는 소리에 귀를 기울이며 알아차리는 게 MTM이다. 찻물 색도 매번 달라진다. 첫 번째와 두 번째가 어떻게 다른지, 세 번째는 어떤 변화가 있는지 그때그때 알아차린다.

우린 차 맛의 변화에도 주의를 기울여 관찰하며 알아차린다. 대부분 차는 첫 번째 우린 차보다는 두 번째 차가 맛있다고 하는데, 정말 그런지 직접 맛을 보며 미세한 변화까

지 알아차린다. 첫 번째 우린 차에서 어떤 맛이 강하게 느껴지는지, 두 번째 우린 차는 첫 번째 우린 차 맛과 어떻게 다른지, 세 번째 우린 차의 맛은 어떻게 달라졌는지 있는 그대로 느끼며 알아차린다. 또 찻물이 식으면서 달라지는 차 맛의 변화뿐만 아니라 차 맛이 달라질 때마다 내 마음은 어떤 반응을 보이는지 있는 그대로 알아차린다.

매번 달라지는 차의 향도 마음챙김과 알아차림의 주요 대상이다. 처음과 두 번째, 세 번째 향이 어떻게 미세하게 달라지는지 주의 깊게 관찰한다. 또 입 안에 남은 잔향과 차 맛은 어떻게 느껴지며, 그때마다 내 마음은 어떤지 알아차린다. 다구를 접할 때마다 느껴지는 질감이나 따뜻함이나 차가움 등 다양한 감각에 마음챙김(주시)을 하고, 찻물을 목 넘김 한 후 온몸에서 느껴지는 따뜻함과 온몸으로 퍼지는 느낌도 놓치지 않고 알아차린다. 마음챙김과 알아차림이 있는 그 순간은 현존하고 있는 것이다.

세 번째 우려낸 찻물을 찻잔에 따른 다음, 다관을 얼굴 가까이 가져와 다관의 열기를 느껴본다. 코끝이 훈훈해지고 얼굴이 촉촉해지며 마음까지 이완된다면 그 느낌을 느끼며 자세히 알아차린다.

MTM은 단순한 차 마시기에 마음챙김이라는 명상의 핵

심 요소를 결합한 차명상이다. 차를 마시면서 감각 대상을 주시하며 있는 그대로 알아차리는 것이다. 차를 준비하고 우리고 마시는 전 과정을 시각, 청각, 후각, 미각, 촉각, 생각을 총동원해 보고, 듣고, 냄새 맡고, 맛보고, 촉감을 느끼고, 감정을 느끼며 있는 그대로 알아차리는 것이다. 차를 준비하고 마시는 과정은 똑같지만, 순간순간을 놓치지 않고 마음챙김과 알아차림을 하며 지금 이 순간에 머무는 연습을 하는 것이다.

우려낸 찻잎 관찰과 다구 헹구기

① 차를 다 마셨으면 다관의 뚜껑을 열어 찻잎을 관찰한다. 찻잎은 우리기 전과는 전혀 다른 모습을 하고 있는데, 차 종류에 따라 통통해지기도 하고 넓게 퍼지기도 한다. 찻잎 색도 어떻게 변했는지 느긋한 마음으로 살펴본다. 다관에 담긴 찻잎의 잔향에도 마음을 기울여 알아차림 한다. 모든 행동은 여유롭게 진행해야 놓치지 않고 촘촘히 볼 수 있고 충분히 느낄 수 있다.

② 차 집게로 다관에서 다 우린 찻잎을 건진다. 다관에 달라붙어 있는 찻잎은 3~4번에 걸쳐 끄집어내게 되는데, 잘

떨어지지 않으면 성급한 마음이 일어날 수 있다. 이때 그 마음도 놓치지 않고 알아차림 한다. 건진 찻잎은 조심스럽 게 퇴수기에 버린다. 간혹 차 집게에 붙어 있는 찻잎이 퇴 수기에 잘 버려지지 않을 때 불편한 마음이 올라오기도 하 는데, 이 역시 알아차림의 대상이 된다.

③ 다관과 찻잔에 따뜻한 물을 담아 느긋하게 돌리며 헹 궈준다. 이때도 동작 하나하나에 주의를 기울인다. 간혹 다 관 구석에 찻잎이 남아 있을 수 있는데, 물이 충분히 담기 면 찻잎이 저절로 물에 뜨니 서두르지 말고 깨끗하게 헹군 다. 마음이 어떻게 움직이는지도 관찰 대상이 된다.

④ MTM은 시작부터 끝까지 모든 과정이 다 마음챙김 과 알아차림의 대상이다. 깨끗하게 헹군 다관과 찻잔을 비 롯해 차시, 차 집게, 개반, 숙우, 퇴수기 등을 제자리에 갖 다 놓을 때도 알아차림을 유지한다. 다관과 찻잔은 남은 물 이 없도록 잘 말려 다음 차를 마실 때 바로 사용할 수 있도 록 한다. 일련의 동작은 서두름 없이 느긋하게 진행되어야 한다. 서두르다 보면 이런저런 실수를 하게 되고 많은 것을 놓치게 된다. 천천히 움직일수록 이제까지 보지 못했고 알

지 못했던 것들을 비로소 바라볼 수 있게 된다.

⑤ MTM 전 과정이 끝났으면 잠시 두 눈을 감고 MTM을 하면서 편안해진 몸과 마음을 충분히 느낀다. MTM을 하는 전 과정 동안 마음챙김을 통해 자신의 몸과 마음을 있는 그대로 알아차리려고 노력한 자신에게 수고했다고 칭찬해 준다. 그런 다음 천천히 눈을 뜨고 주변 사람들과도 인사를 나눈다. 혼자 MTM을 했다면 주변 정리를 하며 마무리한다.

잘하려고 애쓰지 않는다

MTM의 본질은 느끼고 알아차리는 것이다. 하지만 차를 명상 도구로 하는 만큼 차를 준비하고 우리고 마시는 일련의 과정을 무시할 수는 없다. 처음에는 MTM보다는 차를 다루는 순서를 익히는 데 마음을 빼앗길 수도 있다. 또 긴장을 많이 하여 동작이 부자연스럽게 느껴지거나 순서를 몰라 당황할 수도 있다. 이 역시 자연스러운 현상이므로 너무 신경 쓰지 않아도 된다. 사실 MTM에서 순서나 방법이 절대적인 것은 아니다. 매 순간 느끼고 알아차리는 게 중요하다. 동작이 부자연스러워 마음이 불편하면 불편한 마음을 알아차리고, 순서가 바뀌어 당황했다면 그 마음을 알아차리면 된다. 그러다 차 다루는 게 익숙해지면 자연스럽게 차를 우리고 마시며 느끼고 알아차리는 본질에 집중한다.

MTM의 가장 큰 원칙은 자연스럽게 하는 것이다. 너무 잘하려고 애쓰거나 못 한다고 속상해할 필요가 없다. 너무 잘하려고 애쓰면 긴장하게 되고, 긴장하게 되면 자신감이 떨어진다. 처음부터 잘하는 사람은 없다. 틀려도 괜찮으니 느긋한 마음으로 모든 과정을 하다 보면 어렵지 않게 익숙해지고 알아차림도 눈에 띄게 좋아질 것이다.

다구에 대한 스트레스도 크게 문제가 되지 않는다. 다구를 완벽하게 갖추어 행하면 좋겠지만 꼭 그럴 필요는 없다. 반대로 다구의 종류가 많아 번거롭고 복잡하다고 지레 겁먹지 않아도 된다. 요즘에는 간편하게 이용할 수 있는 '독철개완'처럼 1인용 다구도 쉽게 찾을 수 있다.

그러니 다구가 없어서, 방법이 복잡해서 MTM이 힘들다고 포기하지 말자. 차와 기본적인 다구만 있으면 언제 어디서든지 MTM을 할 수 있다. 그러니 차 예절이라는 형식에 크게 구애를 받지 말고 가벼운 마음으로 MTM을 접해

보자.

우리가 일상생활 속에서 언제든지 쉽게 접할 수 있는 차를 이용해서 지금 이 순간에 머무를 수 있는 것만으로도 얼마나 멋진 일인가. 큰 비용을 들이지 않고도 얼마든지 심신을 치유할 수 있고, 있는 그대로를 볼 수 있는 마음의 근력도 키울 수 있다. 차를 마시면서 잠깐의 여유를 가지는 것, 바로 그것에서부터 MTM을 시작해보자.

다른 어떤 대상보다 차는 눈앞에 보이고, 만질 수 있고, 맛도 느낄 수 있는 대상이기에 마음에 오랜 시간 품을 수 있다. 그러므로 차를 마시면서 항상 내 마음을 알아차려야 하며, 자주 자신의 마음을 점검해주어야 한다. 지금 마음이 편안한가, 긴장해 있는가, 힘들어하고 있는가를 자주 들여다보고 평온하게 해주어야 한다. 그 방법이 바로 차를 통해서 가능하다.

MTM   TALK

tea bag을 활용한 MTM

요즘 대형 커피숍에만 가도 티 전문 코너가 따로 있을 만큼 차에 관한 관심이 급증하고 있다. 건강과 기분 전환을 위해 커피 대신 차를 선택하는 사람들이 늘고 있기 때문이다. 그런데 일회용 티백으로도 얼마든지 MTM이 가능하다. 천천히 음미하면서 외적 대상과 내적 대상을 알아차리는 것만으로도 몸과 마음이 이완되어 편안해진다.

HOW TO

① 뜨거운 물이 담긴 컵을 두 손으로 감싸 쥐며 컵의 단단함, 따뜻함, 질감을 충분히 느껴본다. 그런 다음 천천히 물에 잠기는 티백을 관찰한다. 티백 주위에 생기는 물거품, 물의 미세한 움직임 등도 놓치지 말고 관찰한다. 이때 찻물이 잘 우러날 수 있도록 티백을 들었다 놨다 하면서 팔의 움직임에도 마음을 보내고 작은 변화에도 주의를 기울인다. 또 찻물 색이 변하는 과정을 관찰한다.

② 1~2분 후 티백을 건져낸다. 이때 티백을 들어 올리는 팔의 움직임과 무게에 주의를 기울이고, 티백에서 컵에 떨어지는 찻물을 끝까지 지켜본다. 또 티백이 빙그르르 도는 모습도 관찰의 대상으로 삼는다. 간혹 그 시간이 길게 느껴지거나 조급한 마음이 들었다면 그 마음도 알아차린다. 티백을 건져 뚜껑에 내려놓을 때도 천천히 몸동작에 주의를 기울인다. 작은 행동 하나라도 놓치지 않고 마음을 기울이면 나도 모르게 대상에 집중하게 된다.

③ 컵을 두 손으로 감싸며 컵의 온기를 느껴본다. 처음 접했던 컵의 온기와 어떻게 다른지도 알아차림 하면서 순간의 느낌도 관찰한다. 그런 다음 컵의 손잡이를 잡으며 손잡이의 단단함이나 손잡이에서 전해오는 따뜻함을 있는 그대로 느낀다.

④ 컵을 코끝에 가져와 차의 향에 마음을 보낸다. 차에 따라 고유의 향이 느껴질 것이다.

⑤ 차를 마실 때는 몇 번에 나눠 마시면서 맛과 향을 충분히 음미한다. 포도주를 시음하듯 천천히 차를 머금고 떫은지, 구수한지, 신맛이 나는지 충분히 느낀다.

⑥ 찻물을 삼킬 때도 그 느낌을 따라가 본다. 목, 식도, 위장을 거쳐 온몸으로 퍼지며 기분이 편안해졌다면 그 기분까지 알아차린다. 찻물을 넘긴 후에는 입 안에 마음을 두고 관찰한다. 침이 고이는지, 잔향이 느껴지는지 있는 그대로 충분히 느낀다.

⑦ 잔에 담긴 차는 시간이 흐를수록 온도가 내려간다. 온도의 차이에 따라 맛이 어떻게 달라지는지, 마음은 어떻게 달라지는지 알아차린다.

⑧ 차를 마시면서 변화하는 몸의 느낌이나 기분 등이 어떻게 달라지는지 관찰하는 일도 알아차림의 대상이 된다.

이처럼 몇 가지 알아차림만으로도 놀라운 경험을 할 수 있다. 차를 마시는 짧은 동안이지만, 생각이 아닌 내 몸의 감각과 느낌에 충실한 만큼 현재 이 순간에 머물 수 있다.

2
MTM의 관찰 대상인 물질의 성질

MTM 초보 단계에서는 내적 대상인 마음을 바라보기에 앞서 외적 대상 가운데에서도 물질의 성질에 관심을 기울여 꼼꼼하게 알아차린다. 한시도 가만히 있지 않고 움직이는 마음을 보기보다는 물질의 특성을 알아차리는 게 쉽기 때문이다. 그렇다면 물질이란 무엇이며, 물질의 어떤 성질을 알아차림의 대상으로 하는 것일까?

물질이란 물체의 본바탕을 말하는데, 불교에서는 우주의 모든 물질은 땅·물·불·바람이라는 4가지 요소로 이루어져 있다고 본다. 즉, 지수화풍(地水火風)의 이합집산으로 물질이 생겨나기도 하고 없어지기도 한다고 본다. 우리의 몸 역시 땅·물·불·바람이라는 4가지 요소로 이루어져 있으며, 이 4가지 물질적 요소의 다른 성질들을 알아차림의 대상으로 삼는 것이다.

흔히 사대(四大)라고 하는 우주의 모든 물질을 구성하고 있는 땅·물·불·바람의 요소는 각기 다른 성질을 가지고 있다. '땅의 성질'은 단단함과 부드러움, 거침과 매끄러움, 무거움과 가벼움 등으로 표시된다. '물의 성질'은 흐름과 응집력이라는 특성을 보이고, '불의 성질'은 열기와 냉기 등의 온도감으로 경험된다. 마지막으로 '바람의 성질'은 팽창, 밀기, 받침 등의 움직임이 그 특징이다.

● 모든 물질에는 4가지 특성이 있다

MTM은 차를 다루는 전 과정을 통해 차와 다구뿐만 아니라 우리 몸, 마음을 관찰 대상으로 삼는다. 하지만 빠르게 움직이는 마음 관찰보다는 물질 관찰이 쉽고 분명하다. 물질 가운데에서도 느낌이나 감각을 통해 알 수 있는 몸보다는 대상이 뚜렷한 차와 다구 관찰이 더 쉽다. 그래서 초보자에게는 차와 다구를 먼저 관찰하게 하고, 그다음에 차와 관련된 몸을 관찰하게 하고, 더 나아가 마음 관찰로 영역을 확대해 간다.

앞에서도 언급했듯이 지구상에 있는 모든 물질은 땅, 물, 불, 바람이라는 4가지 특징을 지니고 있다. 차도 사람도 예외일 수 없다. 아무리 아름다운 사람도 아무리 풍미 깊은 차도 근본적으로는 물질에 불과하다. 평소에 인지하지 못했을 뿐이지 물질의 특성에서 한치도 벗어날 수 없다. MTM을 하면서 땅의 성질, 물의 성질, 불의 성질, 바람의 성질을 있는 그대로 보고 알아차리는 게 중요한 이유이기도 하다.

MTM에서는 일차적으로 외적 대상 가운데 물질의 4가지 각기 다른 성질에 주의를 기울여 알아차리는 연습을 반복한다. 차뿐만 아니라 다구의 물질적 요소에 주의를 기울여 물질의 특성을 있는 그대로 알아차리게 된다. 어느 정도 주의집중력과 알아차림이 좋아지면 감각을 통해 몸이라는 물질에 마음을 기울여 4가지 특성을 있는 그대로 알아차리는 연습을 반복한다.

찻잎과 다구 등을 다룰 때 손에 닿는 대상이 단단한지 매끄러운지, 무거운지 가벼운지, 거친지 보드라운지 등을 통해 '땅의 성질'을 알아차릴 수 있다. 땅의 성질은 몸의 감각을 통해서도 알 수 있다. 차를 다루면서 몸의 어느 부분이 단단하게 느껴진다면 그 느낌을 있는 그대로 알아차림 한다. 찻물을 다루고 따르거나 마실 때 흐름과 응집의 성질을 통해 '물의 성질'을 알아차릴 수 있다. 작은 물방울들이 모이면서 점점 큰 물방울이 되었다가 한순간 사라지는 모습 등을 보며 응집이라는 물의 특성을 접하게 된다. 물의 특성은 몸의 감각을 통해서도 알 수 있다. 찻물이 입 안에 들어올 때의 촉촉함과 끈적임, 찻물과 다구를 다루면서 느끼는 피부의 촉촉함과 건조함, 젖은 찻잎을 만질 때의 끈적임이나 응집력이 느껴진다면 그 느낌을 알아차린다.

찻물과 다구의 온기와 냉기, 입 안에서 느껴지는 찻물의 온기로 '불의 성질'을 알아차릴 수 있다. 불의 성질 역시 몸의 감각을 통해서 알 수 있다. 따뜻한 차를 마시면 배가 따뜻해지고 몸이 후끈 달아오르고, 차가 식으면 입 안의 찻물의 온도가 낮게 느껴지는데 이 느낌이 느껴진다면 있는 그대로 알아차린다. 이밖에도 차를 우리고 마시는 행위 모두에서 움직임을 기본으로 하는 '바람의 성질'을 알아차린다. 바람의 성질 역시 몸의 감각을 통해서도 알 수 있다. 다관을 기울여 찻잔에 물을 따를 때 미세하게 변하는 팔의 움직임, 삼킨 찻물이 식도를 거쳐 위, 배까지 짜르르하게 내려가는 움직임 등이 느껴진다면 있는 그대로 알아차린다.

몸의 감각과 느낌을 관찰한다

MTM은 차의 전 과정에서 나타나는 물질의 4가지 요소의 성질들을 아무 판단 없이 그저 알아차리면 된다. 만약 이들 감각이 분명하지 않다면 스스로 묻는 것도 괜찮다. '손에 닿는 느낌은 어떤가?' 등으로 구체적으로 질문해본다. 처음에는 막연하게 느껴지던 감각들이 질문을 통해 다시금 마음을 기울여 살펴보는 계기가 될 수 있다.

차를 마시기 위해 자리에 앉을 때도 철썩 주저앉지 말고 앉는 행위를 분명히 알아차린다. 천천히 움직이면서 다리가 굽어지는지, 엉덩이가 내려가는지, 엉덩이가 방석에 닿을 때의 느낌이 어떤지, 손의 움직임은 어떤지 차분히 바라보며 알아차린다. 자리에 앉아 차 마실 준비를 하고 있다면 현재 어떤 행위를 하고 있는지와 함께 그때의 몸의 감각을 살펴보면서 알아차림을 유지한다. 물 끓는 소리, 찻잔에 물 따르는 소리, 찻물 색, 찻잔의 따뜻한 온기, 입 안 가득 퍼지는 차 맛 등 다양한 현상에 몸이 어떻게 반응하는지 감각을 알아차린다.

MTM을 이해하는 데 도움이 되는 불교 핵심 용어

MTM은 불교와 관련이 깊다. 그래서 종종 어렵게 느껴지는 용어들이 나오곤 한다. 어렵다면 패스해도 되지만, 참고로 알아두면 MTM을 이해하는 데 도움이 된다.

불교에서는 모든 존재를 사대(四大)와 오온(五蘊), 십이처(十二處)로 설명한다. 4대 요소란 물질을 이루는 기본 요소로, 땅(地), 물(水), 불(火), 바람(風)을 말한다. 이러한 4대가 화합한 것이 물질의 세계이다. 당연히 인간의 몸도 4대로 이루어져 있다고 본다.

오온이란 물질과 정신을 5가지로 나눈 것이다. 인간은 크게 몸이라는 물질과 마음으로 이루어졌다고 본다. 몸에 해당하는 것이 색온(色蘊)이며, 마음을 이루는 게 수온(受蘊), 상온(想蘊), 행온(行蘊), 식온(識蘊)이다. 색(色)은 형상과 색깔로서 형상 있는 모든 물체를 말한다. 수(受)는 괴롭다, 즐겁다, 괴롭지도 즐겁지도 않다 등 몸과 마음에서 나타나는 느낌을 말한다. 상(想)은 과거의 기억을 통해 현재의 현상을 이해하는 방식을 말한다. 개념화나 지각작용, 정신작용이라고도 설명한다. 인지를 위해 꼭 필요하지만, 선입견을 만들어 실제의 현상을 왜곡하기도 한다. 행(行)은 의지나 의도를 기반으로 하는 정신작용을 말한다. 행을 통해 몸으로, 입으로, 마음으로 행위를 하고 선악(善惡)의 업(業)을 만든다. 식(識)은 현상을 아는 마음을 말한다. 상처럼 개념화되지 않은 순수한 앎에 가깝다. 특히, 여섯 감각기관에 모두 함께한다.

불교에서는 인간을 육근(六根)과 육경(六境) 열두 가지로 설명하기도 한다. 육근은 여섯 개의 뿌리라는 뜻으로, 존재의 근간이 되는 요소들이다. 즉 눈(眼)·귀(耳)·코(鼻)·혀(舌)·몸(身)·생각(意)라는 여섯 개의 감각기관을 말한다. 육근은 인식의 주체를 말하는 것으로, 바로 우리 자신이다. 이에 대해 육경은 여섯 감각기관을 통해 만나게 되는 여섯 인식 대상들이다. 즉, 모양·빛깔(色), 소리(聲), 향기(香), 맛(味), 감촉(觸), 현상(法)이라는 여섯 바깥 경계를 말하는 것이다. 육근과 육경을 합해 십이처(十二處)라고 부른데, 십이처라는 말은 '열두 가지 속에 이 세상의 모든 것들이 들어 있다'라는 뜻이다.

3

MTM의 발전 단계별 특징

MTM의 발전 과정은 마음챙김(주시)과 알아차림의 발전 과정과 궤를 같이한다. 초급 단계에서는 외적 대상 중 비교적 쉽게 접근할 수 있는 물질을 대상으로 마음챙김을 시작한다. 예를 들어 찻잎의 모양이나 차의 향, 물소리, 차 맛 등 대상이 분명한 것에 주의를 기울이는 연습부터 하는 게 쉽다. 이때도 오감을 자극하는 다양한 외적 대상 가운데에서 하나를 택해 집중적으로 주의를 기울이는 게 좋다. 처음부터 대상을 여러 가지로 넓히게 되면 대상을 옮겨 다니다 알아차림을 놓칠 수 있다. MTM이 발전하면 저절로 한 번에 여러 대상에 주의를 기울여 알아차림 할 수 있게 되므로 처음부터 욕심을 낼 필요는 없다.

두 번째 단계인 중급에 이르면 어느 정도 마음챙김과 알아차림이 깊어지고 대상에 집중하는 힘이 강해진다. 마음을 대상으로 보내 바라보는 힘이 생기게 된다. 이쯤 되면 외적 대상 중 물질의 알아차림뿐만 아니라 몸에서 일어나는 다양한 느낌과 감각에 대해 알아차림을 시도한다. 초급 단계에서의 알아차림이 외적 대상 가운데에서도 물질 위주로 진행되었다면, 중급 단계에서는 몸의 느낌이나 감각으로 관찰 대상을 넓혀 간다. 다관을 들 때의 무거운 느낌, 찻잔이 입술에 닿을 때의 감촉, 목구멍을 타고 넘어간 찻물이 온몸으로 퍼지는 느낌 등을 세밀하게 알아차리게 된다. 즉, 몸이란 물질의 4가지 특성에 마음챙김을 하며 알아차림을 확장해 나간다.

고급 단계에 이르면 알아차림은 더 깊어진다. 알아차림의 대상이 외적 대상뿐만 아니라 내적 대상으로까지 확장된다. 몸의 느낌이나 감각 알아차림에서 정신이나 마음의 작용 알아차림으로 발전한다. 알아차림이 깊어지면 행위를 하기 전의 의도도 알아차릴 수 있고, 싫어하고 좋아하는 마음이 일어나는 것까지도 알아차릴 수 있다. 예를 들어 찻잔을 들기 전에 찻잔을 들려고 하는 의도가 있음을 알아차릴 수 있다. 모든 행동에는 반드시 행동하기 전의 의도가 있었음을 비로소 알아차리게 되는 것이다. 알아차림이 더욱 깊어지면 외적·내적 대상들을 알아차리고 있는 그 마음까지도 아는 마음이 있음을 알게 된다. 이 모든 상황을 있는 그대로 다 볼 수 있게 되면 이 모든 대상이 서로 어떻게 영향을 주고받는지 이해하게 될 것이다.

〈도표로 살펴보는 MTM의 단계별 진행 과정과 특징〉

	초급	중급	고급
마음챙김의 대상	외적 대상 ------ 물질	내적 대상 ------ 몸의 감각과 느낌	내적 대상 ------ 마음
단계별 목표	이완	집중	통찰
핵심 기능	주의 기울임 attention	마음챙김 (주시) mindfulness	알아차림 awareness

MTM의 단계 구분은 편의상 발전 과정을 구분한 데 지나지 않는다. 초급 단계에 몇 달이 걸리고 중급 단계에 몇 달이 걸린다고 하는 것은 아니다. 사람에 따라 발전 단계는 빠르게도 느리게도 진행되는데, 대부분은 단계에 따라 비

슷한 경험을 하게 된다. MTM 초기에는 한두 가지 대상을 알아차리기 위해서 애쓰게 된다. 하지만 알아차림이 깊어지면 수많은 서로 다른 대상들을 관찰할 수 있어 마치 사물들이 느리게 움직이는 것처럼 느껴지기도 한다. 갑자기 화가 나거나 욕심이 생기며 마음이 흔들릴 수도 있다. 그러나 알아차림이 있다면 그런 마음까지도 금세 알아차릴 수 있어 다시 대상으로 돌아오면 된다.

MTM을 하면 아무 생각 없이 마시던 차가 매우 특별하게 느껴지기까지 한다. 또 차 한 잔을 마시면서 접하는 대상이 이렇게 많다는 사실에 새삼 놀라게 된다. 모든 동작에 주의를 기울이면서 바라보다 보면 알아차림이 깊어지고, 그만큼 동작들도 촘촘히 연결되어 있음을 깨닫게 된다. 그리고 알아차림이 깊어지면 깊어질수록 저절로 마음이 차분해짐을 알 수 있다. 모든 동작이 정성스러워지고 마음의 여백이 생기게 된다. 좀처럼 화를 내거나 서두를 수 없는 뭔가 특별한 힘이 생긴다. 이런 과정이 우리의 언어와 행동을 조심스럽게 만들어 주며, 우리의 마음을 자비롭고 고요하게 해준다.

초급 과정에서는 물질적 대상에 집중한다

MTM은 대상 알아차리기 연습이라고 해도 과언이 아니다. 그런데 알아차림의 대상은 외적 대상과 내적 대상으로 나눌 수 있다. 외적 대상이란 물질을 말하고, 내적 대상이란 호흡과 같은 육체적 감각이나 정서, 혹은 마음을 나타낸다.

MTM 초급 과정에서는 외적 대상을 중심으로 주의를 기울이는 연습을 집중적으로 하게 된다. 아직 몸의 감각이나 느낌을 알아차릴 만한 집중력도 갖추지 못했고, 빠르게 변하는 맘을 볼 만큼의 알아차림도 갖추지 못했기 때문이다. 따라서 외적 대상 가운데에서도 대상이 분명한 물질에 의도적으로 주의를 기울이는 연습을 한다. 대표적인 물질은 우리의 오감으로 접하는 것들이다. MTM의 경우에는 차와 관련된 것 가운데 눈으로 볼 수 있는 것, 귀로 들을 수 있는 것, 코로 맡을 수 있는 것, 혀로 맛볼 수 있는 것, 촉감으로 알 수 있는 것들이다.

MTM 초보자는 물질적 대상 가운데 하나를 특정해 주의를 기울이는 연습을 하는 게 좋다. 차를 따를 때는 물소리에만 주의를 기울이든지, 찻잔에 떨어지는 물방울에만 주의를 기울이는 등 알아차림의 대상을 좁힌다. 아직 알아차

림이 어설픈데 여러 대상에 주의를 기울이면 이 대상 저 대상 쫓아다니며 우왕좌왕하면서 마음이 흐트러질 수 있다. 그 순간 마음이 가는 대상에 주의를 기울여 알아차리면 된다.

초급 과정에서는 알아차림이 조금 좋아지더라도 대상의 가지 수를 늘리기보다는 외적 대상을 바꿔가며 연습하는 게 좋다. 소리를 대상으로 하다 맛을 대상으로 한다든지, 향을 대상으로 하다가 촉감을 대상으로 하는 식으로 대상만 바꿔가며 주의를 기울여 알아차린다. 그러다 어느 정도 알아차림이 좋아지면 외적 대상의 수를 늘리며 연습하는 것도 나쁘지 않다.

처음에는 대상 하나 보는 것도 버거울 수 있다. 대상에 주의를 기울인다고 해도 어느 순간 대상을 놓쳐 딴생각에 빠지곤 한다. 하지만 걱정하지 않아도 된다. 대상을 놓쳤으면 놓쳤음을 알고 다시 대상으로 돌아와 주의를 기울이면 된다. 편안한 마음으로 물질적 대상에 주의를 기울여 알아차림을 유지하다 보면 자연스럽게 여러 대상을 보는 힘이 생긴다. 알아차림이 좋아지고 있다는 증거이기도 하다.

긴장 완화와 차분한 마음

MTM을 처음 시작하는 사람은 이완과 편안함을 목표로 하는 게 가장 바람직하다. 뭔가 배우려고 하기보다는 뭔가 내려놓고 덜어내 편안해질 수 있도록 하는 게 중요하다. 따라서 MTM 초급 과정에서는 외적 대상에 주의를 기울이며 몸과 마음을 이완시키는 데 중점을 둔다. 늘 긴장 상태에 있는 사람에게 처음부터 많은 것을 기대하게 되면 오히려 긴장이 강화되어 역효과를 낼 수 있기 때문이다.

걱정과 불안 등 온갖 스트레스에 시달리는 사람에게 MTM은 긴장 완화에 더없이 좋다. 걱정이나 불안을 잠시 외적 대상 알아차림으로 우회시키는 역할도 있고, 차에 함유된 천연 진정제로 일컫는 테아닌 성분이 뇌신경 전달물질을 조절하여 신경계를 안정시켜 몸과 마음을 이완시켜주기 때문이다. MTM을 통해 비교적 쉽게 긴장했던 몸도 이완되고 시끄럽던 마음도 가라앉게 된다.

명상에서 이완은 아무리 강조해도 지나치지 않다. 몸과 마음이 이완되지 않으면 명상은 자기와의 싸움으로 변할 수 있기 때문이다. 명상으로 들어가는 첫 번째 관문이라고 할 수 있는 이완이 이루어져야 비로소 대상에 가까이 다가가 살펴볼 수 있는데, MTM이 몸과 마음의 이완에 큰 도움을 줄 수 있다.

처음에는 조금 서툴더라도 외적 대상을 통한 알아차림을 유지하다 보면 어느 순간 달라진 내 모습을 발견하게 될 것이다. 긴장했던 몸과 마음이 나도 모르는 사이에 이완되어 있음을 알게 된다. 시간에 쫓겨 빠르게 행동하던 나는 사라져 없고, 시간을 쪼개 보듯 천천히 행동하고 천천히 말하는 나를 발견하게 된다. 또 어느 순간 자신에게 꽤 넉넉하고 친절해진 모습도 보게 된다. 내가 나를 존중해주는 고귀한 느낌마저 들게 된다.

● **중급 과정에서는 몸의 감각·느낌에 초점을 맞춘다**

MTM 초급 과정에서 모양·빛깔, 소리, 향기, 맛, 감촉 등 외적 대상을 상대로 한 알아차림을 통해 어느 단계에 이르면 한 걸음 더 나아가 몸의 감각과 느낌 알아차리기에 초점을 맞춘다. 찻잎 모양이나 찻물 따르는 소리, 물방울 떨어지는 모양, 차의 향, 차의 맛, 피부에 닿는 다구의 감촉에 대한 알아차림 등이 분명해지면 이와 관련한 몸의 감각과 느낌에 주의를 돌린다. 자연스럽게 감각 대상뿐만 아니라 몸의 감각과 느낌에 주의를 집중해 알아차림을 하는 게 MTM의 중급 과정이다.

중급 과정에서는 내적 대상 가운데 몸으로 대상을 한정하는 게 좋다. 차를 다루면서 일어나는 우리 몸의 감각과 느낌이 마음챙김과 알아차림의 주요 대상이 된다. 다관을 들 때, 물을 따르기 위해 팔을 기울일 때 등 동작 하나하나에 주의를 기울이며 몸의 움직임과 감각이 어떻게 변하는지 관찰한다. 팔이 무거운지, 손바닥이 따뜻한지, 입술에 닿는 찻잔의 느낌이 어떤지, 몸 어딘가에 긴장이 느껴져 불편한지 등 내 몸의 감각에 주의를 기울여 있는 그대로 느끼며 알아차린다.

찻일의 전 과정에서 이루어지는 동작 하나하나에 주의를 기울이면 그동안 얼마나 많은 것을 놓치고 살았는지 알 수 있게 된다. 하나의 몸동작이라고 생각했던 것이 하나의 동작이 아니라 끊임없이 변화하는 동작의 연속임을 깨닫게 된다. 단지 차를 준비하고 우리고 마시는 과정이지만 MTM을 통해 알아차림이 깊어지면 깊어질수록 몰랐던 내 몸의 감각과 느낌들을 촘촘하게 알게 된다.

물론 MTM의 과정을 무 자르듯이 초급과 중급으로 나눌 수는 없다. 어찌 보면 초급 과정에서 주로 다루는 물질적

외적 대상 알아차림에서 시작해 자연스럽게 몸의 감각과 느낌 알아차림으로 연결된다. 초급 과정을 거치며 몸과 마음이 충분히 이완되고 들뜬 마음이 차분히 가라앉음에 따라 그전까지는 깨닫지 못했던 미세한 몸의 느낌까지 알아차림이 깊어진 것이라고 보면 된다. 즉, 여섯 감각기관을 통해 차의 모양·색깔, 소리, 촉감, 향기, 맛, 생각에 초점을 맞춰 주의를 기울이며 알아차리다가 대상을 넓혀 몸의 다양한 느낌으로 알아차림을 확장해 가는 것이다.

그러나 한꺼번에 이 모든 것을 대상으로 알아차림 하겠다며 욕심을 부릴 필요는 없다. 차를 다루는 과정에 맞춰 대상을 따라가면서 주의를 기울이며 알아차림을 유지한다. 차를 꺼낼 때는 찻잎 모양과 색깔에 마음을 두고 알아차림하고, 찻물을 따를 때는 찻물 떨어지는 소리나 물줄기, 물줄기가 떨어져 만들어내는 기포와 물결 무늬 등에 주의를 기울여 알아차림 한다. 찻잔을 들어 차를 마실 때는 먼저 찻물의 색을 감상하고, 차의 향기를 맡고, 입술에 닿는 찻잔의 온도, 느낌 등을 있는 그대로 알아차림 한다. 그런 다음 찻물을 입안에 조금 머금고 입안에 퍼지는 향과 따뜻함 등을 알아차린다. 이때 차에 따라 다양한 맛이 올라오는데, 떫은지 구수한지 향이 나는지 시큼한지 등 느껴지는 차 맛을 그저 알아차리면 된다.

이 과정에서 몸에 어떤 느낌들이 올라오면 그 느낌에 주의를 기울여 알아차림 한다. 어떤 느낌이 있든 그 느낌에 초점을 맞춰 주의를 기울여 살펴보면 단단함, 떨림, 움직임, 팽팽함, 따뜻함, 차가움 등 다양한 몸의 느낌이 제 모습을 드러낸다. 따뜻한 찻물에 긴장했던 근육이 풀어지는 느낌도 있고, 찻물을 머금고 있으면 혀끝이 단단해지는 느낌도 있을 수 있다. 같은 차를 마시더라도 사람마다 느끼는 감각이 다르고, 그 감각조차 변하고 있음을 알 수 있다.

흔들리지 않는 집중력

MTM의 초급 단계에서 이완을 강조했다면, MTM의 중급 단계에서는 집중력 강화가 필요하다. 대상에 정확히 마음을 얹으려면 흔들리지 않는 집중력이 필요하기 때문이다. 어린 시절 햇빛을 돋보기로 모아 종이 태우기를 했던 기억이 있을 것이다. 집중은 말 그대로 한곳으로 모으는 것이며, 이때 엄청난 힘을 발휘한다. 그런데 한곳에 마음을 모으려면 긴장과 이완이 균형을 이룬 진정한 의미의 이완 상태가 될 때 비로소 가능하다.

MTM으로 집중력이 좋아지고 알아차림이 깊어지면 아

주 미세한 몸의 감각이나 느낌도 자세히 관찰할 수 있게 된다. 거칠고 분명한 감각에서 미세한 감각으로 알아차림이 확장된다. 그러나 더 잘 관찰하고 싶다고 욕심을 부리는 순간 긴장 상태로 돌변하면서 대상에서 멀어지게 된다. MTM을 하는 도중에도 몸과 마음이 긴장하지 않았나 수시로 살펴볼 필요가 있다. 어딘가 긴장한 느낌이 들면 잠시 과정을 멈추고 충분히 이완시킨 다음 다시 시작하는 게 좋다. 긴장과 이완의 균형을 찾아가는 게 MTM이기도 하다.

이런 미세한 느낌까지 놓치지 않고 볼 수 있다면 여러분의 알아차림은 분명 좋아지고 있다는 증거이다. MTM을 하다 보면 순간순간 미세한 느낌이나 감각을 놓치게 되는데, 지극히 정상이다. 한순간도 놓치지 않고 대상에 머무는 일은 불가능에 가깝다. 집중력이 뛰어나고 알아차림이 깊은 사람도 수없이 대상을 놓치고 또 놓친다. 평생 생각 속에 살다 생각을 걷어내고 실재를 보기 위해 온전히 집중한다는 것이 말처럼 쉽지 않기 때문이다. 다만 알아차림이 깊은 사람은 재빨리 대상을 놓쳤음을 알고 대상에서 멀어진 마음을 재빨리 대상으로 되돌리는 반면, 알아차림이 얕은 사람은 대상을 놓쳤음에도 대상을 놓친 줄 모르고 망상을 이어가는 차이가 있을 뿐이다. 대상에서 벗어나 생각에 빠지더라도 그때마다 대상으로 돌아오는 것이 바로 MTM의 훈련 과정이고, 이를 통해 MTM의 단계는 점점 더 높아질 것이다.

마음챙김이 좋아지면 원하는 대상에 마음을 정확히 보낼 수 있고, 강력해진 집중력으로 대상에 가까이 다가가 현상을 촘촘히 관찰할 수 있다. 이때도 '선택 없는 알아차림'이 중요하다. 분별하지 않고 있는 그대로 보는 것이 MTM의 기본이자 핵심이다. 언제나 편안한 마음으로 노력하되, 긴장과 이완의 균형을 통해 집중력을 잃지 않도록 꾸준한 반복 훈련이 필요하다.

● 고급 과정에서는 마음을 관찰한다

MTM이 어느 수준에 이르면 집중력은 더 좋아지고 알아차림의 대상은 더 미세한 대상으로 확장된다. MTM 고급 과정에 든 사람이라면 거친 외적 대상뿐만 아니라 미세한 내적 대상을 상대로 한 알아차림도 선명해진다. 물질적 대상뿐만 아니라 자신의 내부에서 일어나고 있는 다양한 신체 현상, 더 나아가 정신 현상에 주의를 기울여 관찰하게 된다. 정신 현상이란 마음이나 마음의 작용으로 대상을 보고, 느끼고, 알고, 생각하고, 상상하는 등의 현상을 말한다.

우리가 무언가를 보고, 듣고, 냄새 맡고, 맛보고, 촉감을 느끼고, 생각할 때 거기에는 항상 정신 현상과 물질현상이 함께 있다. MTM을 하면서 지금 일어나고 있는 물질현상과 정신 현상에 주의를 기울이고 관찰함으로써 정신과 물질이 가지고 있는 고유한 성품이나 그것들이 조건에 의해서 생기고 없어지기를 반복하는 특성, 그리고 정신과 물질 모두가 항상 변하고 영원하지 않다는 보편적 특성을 이해하게 되는 것이다.

MTM 고급 단계에서는 외부 자극에 대한 반응이 현저하게 줄어들며, 평상시 수시로 오갔던 현상에 대한 마음들이 특별한 반응 없이 자연스럽게 지나가게 될 것이다. 자극을 통해 수시로 느꼈던 '이것이다 저것이다', '좋다, 싫다' 등의 판단이나 감정이 점차 줄어든다. 감정의 출렁거림도 약해지고 과거와 미래를 오가며 쓰는 온갖 소설도 확장을 멈추게 된다.

하지만 그 정도 단계까지 가려면 수많은 반복이 필요하다. 현상과 마음을 분리해 보는 일이 말처럼 쉽지 않기 때문이다. 오랫동안 MTM을 한다고 저절로 되지도 않는다.

명상은 내가 하는 게 아니라 있는 그대로를 알아가는 것이다. 결과에 집착하거나 뭔가 목표를 달성하겠다고 욕심을 내지 말고, 바른 마음, 바른 노력으로 반복적으로 훈련하는 게 중요하다. 그러다 보면 자기도 모르는 사이에 알아차림이 좋아지고, 알아차림이 분명해지면 미세한 마음의 현상까지 있는 그대로 볼 수 있게 된다.

통찰력 키우기

MTM 고급 과정에서는 통찰력을 키우는 훈련을 하게 된다. MTM의 핵심은 깨어 있으면서 동시에 사물에 대한 인식의 방식을 바꿔 습관적으로 이끌려 사는 삶에서 벗어나 스스로 유익하게 이끌어 가는 삶을 살도록 하는 것이다. 깨어 있기는 마음챙김과 알아차림을 통해 실천해 갈 수 있고, 인식의 변화는 깨어 있기를 통해 있는 그대로 현상을 통찰함으로써 나타난다.

통찰의 의미는 꿰뚫어 아는 것이며, 사실을 사실대로 보고 아는 것이다. 그렇다면 대상을 통찰해야 하는 이유는 뭘까? 우리는 대상을 있는 그대로 보지 못한다. 감각기관을 통해 들어오는 많은 정보를 선입견이나 기억을 통해 왜곡한다. 눈은 빛을 볼 뿐 그것이 무엇인지, 무슨 색인지 판단하지 않는다. 빛을 통해 들어온 정보를 판단하는 것은 기억과 지식 등 수많은 편견이다. 이들은 우리가 있는 그대로 보는 것을 방해할 뿐만 아니라 우리의 욕망이나 감정 등과 연결되어 집착하고 갈망하는 삶으로 이어지게 한다.

대상을 있는 그대로 꿰뚫어 보아야만 그 대상에 부여하고 있는 욕망을 줄일 수 있다는 뜻이다. 우리가 괴로운 삶을 사는 이유도 세상을 있는 그대로 보지 못하기 때문이다. 통찰의 방식으로 대상을 보지 못하고 자신의 선입견으로 판단하고 반응하며 분별 속에서 살아가고 있다. 자기만의 관념으로 현실을 받아들이기 때문에 수많은 괴로움과 욕망 속에서 괴로운 삶을 사는 것이다.

MTM에서 차를 준비하고, 우리고, 마시는 모든 과정은 통찰력을 키우는 좋은 도구가 될 수 있다. MTM의 단계가 깊어지면 깊어질수록 차를 마시는 상황이나 경험하는 느낌, 마음 상태 등을 통찰할 수 있게 된다. 특히 차의 맛, 차의 향, 찻잔의 질감, 차를 마실 때 일어나는 마음 상태, 느낌이 일어날 때의 몸의 변화, 움직일 때의 느낌 등을 보다 편안한 상태에서 진지하고 세세하게 통찰할 수 있게 된다.

MTM TALK
MTM과 메타인지

MTM을 통한 알아차림은 메타인지(metacognition, 상위인지)로 설명된다. 대상에 마음을 집중하여 봄으로써 어떠한 욕망이나 화, 불안 등과 나를 분리하는 일이 가능해지고, 더 나아가 대상을 '보는 것'에서 그치지 않고 '보고 있는 그 마음을 아는 마음'이 있음을 다시 알아차릴 수 있다. 즉 메타인지가 가능해진다.

메타인지란 자신의 인지 능력을 알고 이를 조절할 수 있는 능력을 의미한다. 메타인지는 대상을 '아는 마음'이 일어나고 이렇게 일어난 마음을 다시 '지켜보는 마음'으로 알 수 있는 것을 말한다. 대상이 무엇인지 정확히 아는 것은 현상을 있는 그대로 보는 역할을 하고, 보고 있다는 것을 다시 알아차리는 마음은 현상을 보다 객관화시키는 과정으로 자칫 대상을 주관적 관점으로 평가할 수 있는 자아 관념의 요소가 배제된다. 대상을 더욱 객관화하여 있는 그대로 볼 수 있도록 도와준다. 이런 메타인지는 마음이 현재에 머물 수 있도록 도와준다.

MTM은 확실한 감각 대상이 있는 차의 다양한 특성에 대해 알아차림 하는 것에서 시작한다. 다시 말해 명상자는 차를 대상(A)으로 하여 차의 색깔·향·맛을 아는 마음(B)을 일으킨다. 이것은 집중 훈련이 익숙해지면 가능한 일이다. 그 단계를 넘어가면 대상을 아는 마음(B)을 다시 지켜보는 마음(C)을 일으킬 수 있다.

차와 메타인지

이 과정을 통해 차를 좋아하거나 싫어하는 마음을 일으키지 않고 단지 그 대상을 아는 마음만 일으킨다. 이 과정에서 대상(A)에 집착했던 마음은 나타나지 않고 객관적인 알아차림이 작용한다. 이것을 탈동일시라고 한다. 이것은 메타인지의 작용이다. 탈동일시는 자신의 내면을 관찰하기 위해 일정한 심리적 거리 두기를 의미하는데, 객관적인 자기 관찰을 위한 중요한 요소이다.

MTM의 가장 큰 원칙은 물 흐르듯 자연스럽게 하는 것이다.
너무 잘하려고 애쓰거나 못 한다고 속상해할 필요가 없다.
너무 잘하려고 애쓰면 긴장하게 되고, 긴장하게 되면 자신감이 떨어진다.
처음부터 잘하는 사람은 없다. 느긋한 마음으로 과정에 충실하다 보면
어렵지 않게 익숙해지고 알아차림도 좋아지게 된다.

into
MTM

차를 마시면서 마음이 고요해지고 맑아지면
현상을 있는 그대로 볼 수 있는 지혜가 생기고,
이런 지혜가 성숙하면 현실에서의 괴로움을 다룰 수 있게 된다.

Mindful Tea Meditation

into
MTM

앞에서 언급했듯이 MTM은 차를 이용한 생활명상이다.

MTM의 기본 개념과 특징이 무엇인지,

어떻게 하면 되는지 어느 정도 익숙해졌다면

본격적으로 MTM의 심오한 세계로 들어가보자.

1

MTM이 추구하는 것들

MTM과 단순한 차 마시기는 차를 다루는 과정은 다르지 않지만, 차를 대하는 마음가짐에서 차이가 난다. MTM은 차라는 대상에 적극적으로 마음을 보내 현재 이 순간에 머물고자 한다. MTM은 눈과 코, 귀, 혀, 몸, 생각을 통해 들어오는 많은 정보를 마음챙김(주시)과 알아차림의 대상으로 삼는다. 단순히 좋은 차를 마시며 몸과 마음이 편안해짐을 느끼는 것에 그치지 않고 온전히 나에게 집중하는 시간을 갖는다. MTM은 차를 나와 만나는 매개체로 여기며 매 순간 대상에 주의를 기울인다. MTM은 차가 지닌 효능에 힘입어 차분해진 마음을 명상의 알아차림까지 연결함으로써 이완

뿐만 아니라 집중, 더 나아가 통찰과 깨어 있음을 향해 나아
가게 된다.

● **생각이 아닌 실제를 경험하라**

MTM이 추구하는 중요한 목표 중 하나는 실제를 경험하는
것이다. MTM은 차의 맛을 품평하기보다는 차 준비에서 우
리기, 마무리까지 전 과정을 마음챙김 대상으로 하여 있는 그
대로 보고 아는 것이다. 물이 끓기 시작하면 티포트에서 일어
나는 다양한 변화를 지켜보고, 향이 올라오면 그 향을 맡고,
맛이 느껴지면 맛을 느끼는 게 전부이다. 매 순간 대상에 마
음을 보내서 주의 깊게 보고 맡고 느끼며 지금 이 순간 벌어
지는 모든 것을 있는 그대로 경험하는 것이다.

　따라서 겉으로는 느긋하고 여유로워 보이지만 MTM을
하는 내내 정말 바쁘다. 차뿐만 아니라 차 마실 때의 몸동
작이나 느낌, 마음의 변화까지 모든 게 알아차림의 대상이
되기 때문이다. 방심하는 순간 대상에서 벗어나게 되고, 대
상에서 벗어나면 곧바로 망상에 빠지게 된다. MTM을 하면
서 대상에 온전히 집중하게 되면 이제까지 몰랐던 있는 그

대로의 실제를 경험하게 된다. 즉, 생각이 아닌 실제를 경험하는 너무나 소중한 시간을 갖게 된다.

MTM에서는 차의 다양한 모양·색깔, 소리, 향, 맛, 촉감, 생각의 대상(法)을 있는 그대로 아는 것이 중요하다. 녹차, 홍차, 보이차 등 차의 효능에 중점을 두기보다는 어떤 차가 되었든 차의 본래의 다양함을 차를 마시면서 알아차리는 게 포인트이다. 녹차라는 이름은 관념이고, 향기·색깔·맛은 실재하는 것이다. MTM을 한다는 것은 실재하는 향기·색깔·맛을 알아차리는 힘을 기르는 것이다. 하지만 알아차리는 힘을 기르기 위해 지나치게 의도를 갖고 애쓸 필요는 없다. 뭔가 의도를 갖는 순간 긴장하게 되고, 긴장하게 되면 마음은 평정심을 잃고 들뜨게 된다. 그냥 편안한 마음으로 차가 가지고 있는 본래의 향기·색깔·맛을 있는 그대로 알아차린다.

MTM을 반복하다 보면 마음챙김뿐만 아니라 알아차림도 깊어진다. 점차 거친 대상에서 미세한 대상으로 알아차림의 대상이 확장된다. 알아차림이 분명해지면 같은 차라도 마실 때마다 색깔·향기·맛이 다름을 저절로 알게 된다. 물의 온도에 따라, 차의 양에 따라, 우리는 시간에 따라, 계절에 따라, 나의 몸 상태에 따라 차 맛은 늘 변한다는 사실을 깨닫게 된다. 원래 차 맛은 고정된 것이 아니라 늘 변한다는 사실을 알게 된다.

● 내 몸과 마음에 관심을 가져라

MTM은 이제까지 무관심했던 내 몸과 마음을 알아가는 과정이기도 하다. 우리는 매 순간 숨을 쉬며 살지만 숨을 언제 쉬는지, 숨을 어떻게 쉬는지, 들숨과 날숨의 길이는 어떤지, 숨을 쉴 때 몸에서는 어떤 감각이 느껴지는지 관심을 가져 본 적이 거의 없다. 온통 외부 세계에 관심을 갖느라 특별히 아플 때를 제외하고는 몸과 마음에는 관심조차 없는 게 사실이다. 하지만 MTM을 하게 되면 이제까지 몰랐던 내 몸에 대해 많은 것을 알 수 있게 된다. 또 무의식적으로 행하는 나의 습관, 마음의 패턴 등도 알 수 있게 된다.

우선 MTM을 통해 차를 우리고 마시면서 그동안 무심코 지나쳤던 시각이나 청각, 미각, 후각, 촉각의 기능이 어떻게 작용하는지 직접 알 수 있다. 그러면서 감각 대상을 통해 반응하는 자신의 내면까지 살펴볼 수 있는 더없이 좋은 기회가 된다. 예를 들어 녹차를 우리는데 아무 생각 없이 뜨거운 물을 부어 차 맛이 떫어지면 나도 모르게 마시고 싶은 생각이 사라진다. 조금 전까지 차 맛을 기대하던 마음은 온데간데없고 물 온도를 맞추지 못한 자신을 책망하거나 찻물을 버리고 싶어진다.

마음이 대상과 함께해 알아차림이 있었다면 물의 온도에 신경을 썼을 테니 아무 생각 없이 뜨거운 물을 붓지 않았을 것이다. 설령 알아차림을 놓쳐 뜨거운 물을 부었더라도 언제 그 사실을 알았는가에 따라 결과는 얼마든지 달라질 수 있다. 뜨거운 물을 부은 즉시 알았다면 차 우리는 시간을 줄여 차맛이 떫어지는 것을 줄일 수 있다. 뜨거운 물을 붓고 1분이 지나 알아차렸다면 그 사실을 인정함으로써 짜증이 올라오는 마음을 알아차리며 분노로 확장하지는 않을 것이다. 이처럼 시시때때로 변하는 마음을 객관적으로 바라보며 언제, 어떻게 반응하고 작동하는지 바라볼 수 있게 된다.

MTM은 감각의 문을 제어하는 능력을 키우는 것이라고도 한다. MTM의 전 과정을 통해 모든 감각 정보의 유입에 대하여 자세히 들여다보며 알아차리는 훈련을 하는 것이다. 마음이 차분히 가라앉아 알아차림이 확실해지면 마음은 다양한 경로를 통해 받아들인 정보를 확대하거나 증식하지 않도록 제어할 수 있다. 그래서 종종 알아차림은 수문장에 비유되기도 한다. 감각기관을 통해 온갖 정보를 접하지만, 정보에 따라 이리저리 휩쓸리지 않고 그냥 알 뿐이다. 좋거나 싫어하는 마음이 올라와도 이에 반응하지 않고 한 발짝 떨어져 있는 그대로를 지켜보는 힘을 키우는 것이다.

판단이나 집착 없이 있는 그대로 알아차려라

MTM은 뭔가 찾는 게 아니라 그저 아는 게 전부이다. 보이면 보이는 것을 알고, 들리면 들리는 것을 알고, 뜨거우면 뜨거운 것을 아는 게 전부이다. 좋다 싫다 판단하거나 집착하지 않는다. 대상을 놓쳤다면 대상을 놓쳤음을 알고 다시 대상으로 돌아가 알아차림을 유지하는 게 전부이다. 예를 들어 느긋한 마음으로 차를 마셨는데 차 맛이 생각보다 형편없을 때 나도 모르게 짜증이 날 수 있다. 그럴 때 짜증이 났다는 사실을 아는 게 중요하다. 짜증이 났다는 사실을 인지하지 못하면 성냄은 그렇게 만든 누군가를 원망하거나 차 마시기가 싫어지는 등 부정적인 감정과 하나가 되어 확

장하기 마련이다. 차 맛이 나쁘다는 사실에서 멈추지 않고 곧바로 분노로 이어지기 쉽다.

알아차림은 대상과 마음이 밀착해 있을 때 가능하다. 대상에서 마음이 떠났더라도 그 사실을 빨리 깨닫고 대상으로 돌아오는 게 중요하다. MTM을 지속하다 보면 대상을 떠난 마음을 대상으로 되돌리는 시간이 점차 짧아진다. 그만큼 대상과 함께하는 시간이 길어지고, 알아차림도 깊어진다. 내가 무슨 일을 하고 있는지 아는 게 명상이고, 명상을 통해 우리는 자신의 진짜 모습을 알게 된다. 반응하는 내가 아닌 있는 그대로를 객관적으로 바라보는 진짜 나를 마주하게 된다.

MTM을 통해 알아차림이 좋아지면 거칠었던 마음은 가라앉고 다시 평온해진다. 그것이 무엇이든 알아차릴 수 있다면 그 감정이 무엇이 되었든 더는 확장되지 않는다. 믿기 어렵겠지만 알아차리는 순간 그 감정들은 힘을 잃는다. '그랬구나' 하면서 인정하는 순간, 싱겁게 꼬리를 내린다. 이처럼 차를 마시면서 느끼는 수많은 감정을 알아차릴 수 있다면 당신은 MTM 고수이다.

MTM에서 추구하는 것은 차라는 명상 도구를 감각기관을 통해 만나면서 그것의 모양·빛깔, 소리, 맛, 향, 촉감이 순간순간 조건에 의해 변하는 것을 관찰을 통해 아는 것이다. 이렇게 순간순간 경험하는 현상들을 있는 그대로 꿰뚫어 보면 아무리 맛있는 차라도 그 맛을 계속 느끼고자 하는 욕망을 놓아버릴 수 있다. 그 맛을 내 것으로 소유할 수 없고, 그 맛도 정해져 있지 않고 변한다는 것을 이해할 수 있다. 그리고 그 맛은 순간의 여러 조건에 의해 일어난 한순간의 맛일 뿐이라는 것을 알 수 있다. MTM을 하면서 이 사실을 깨닫게 되는 것이다.

습관에서 벗어나 순간에 집중하라

MTM을 하면서 감각이나 느낌 등의 알아차림이 깊어지면 일상생활에서도 확대 적용할 수 있다. 얼마든지 알아차림의 대상을 차에서 일상 속 다양한 대상으로 옮길 수 있다. 식사할 때, 청소할 때, 걸어 다닐 때 등 언제 어디서 무엇을 하든지 얼마든지 알아차림을 유지할 수 있다. 예를 들어 길을 걸을 때도 오른발을 내디딜 때 오른발에 주의를 기울이고, 왼발을 내디딜 때 왼발에 주의를 기울이면 알아차림이 좋아진다. 그렇게 되면 서두르지 않고 한 동작, 한 동작 정확하게 내딛게 되어 헛발을 내딛거나 미끄러져 넘어지는 일도 거의 없어진다.

MTM을 통해 생활 속의 명상을 경험하게 되면 생활에도 적지 않은 변화가 찾아온다. 아무 생각 없이 행동하던 습관에서 벗어나 동작 하나하나에 주의를 기울이면서 매 순간 최선을 다하게 된다. 예를 들어 걷는 동작 하나에도 마음을 다해 내딛게 된다. 내가 지금 이 순간 무슨 일을 하는지 안다는 것은 생각보다 커다란 기쁨을 준다. 대수롭지 않게 느껴지던 일들이 꽤 의미 있게 느껴지고, 순간순간이 소중하게 다가온다.

대상에 마음을 두고 주의를 기울여 살펴보면 생각이 아닌 지금 이 순간에 머물 수 있게 된다. 대상에 마음을 두지 않고 무의식적으로 행동하다 보면 많은 것을 놓치게 된다. 내가 한 행동을 내가 기억할 수 없게 된다. 평소 우리는 가스 불을 껐는지, 창문을 닫았는지, 핸드폰을 어디 두었는지 생각이 나지 않아 당황하는 경우가 종종 있다. 그러나 MTM으로 대상과 마음이 함께하는 훈련을 반복하다 보면 정확히 기억할 수 있다. 문을 열 때도 손잡이의 감촉, 손잡이를 돌릴 때의 손목 동작에 주의를 기울여 관찰하면 마치 느린 화면을 돌리듯 짧은 순간순간을 확인하며 기억하게 된다.

명상은 결코 어렵거나 특별하지 않다. 몸과 마음이 하나가 되는 게 명상이다. 집 나간 마음을 다시 몸이란 집으로 데려오는 것이다. 언제 어디서든 대상을 놓치지 않고 알아차림을 할 수 있다면 그것이 곧 명상이라고 할 수 있다. 즉, 우리는 알아차림을 통해 얼마든지 생활 속 명상을 할 수 있고, 명상이 곧 생활이 되는 이상적인 삶의 방식을 성취하게 된다. 이렇게 되면 우리의 삶이 한결 유익하고 여유로워지지 않을까.

● **마음의 근력을 키워라**

차는 볼 수 있고, 만질 수 있고, 맛과 향을 느낄 수 있어 마음을 보내 관찰하기 좋은 대상이다. 짧은 시간이지만 차를 마시는 동안만이라도 감각 대상에 마음을 보내 반복적으로 알아차림을 훈련하면 대상과 마음이 하나가 되는 마음의 근력을 기를 수 있다.

MTM에서는 마음을 알아차리는 것이 매우 중요하다. 다양한 감각에 마음이 제각각 반응하기 때문에 차를 마주하

며 나타나는 마음들 역시 주요 관찰 대상이다. 차를 마시면서도 내 마음이 어떤지 자주 들여다봐야 한다. 마음을 들여다보려면 마음이 차분해야 한다. 마음이 들뜨거나 성급하면 미세한 감정 변화와 마음을 알아차리기 어렵다. 마음이 긴장하고 있다면 긴장했다는 사실을 있는 그대로 받아들이고, 긴장 해소를 위해 마음을 보살펴야 한다.

마음을 보는 힘이 약할 때는 찻잔에 떨어지는 찻물 관찰이 도움이 된다. 다관의 물을 찻잔에 따르다 보면 끝무렵에 다관 주둥이 끝에 매달린 찻물 방울이 떨어질 듯 떨어질 듯하면서 좀처럼 떨어지지 않고 매달려 있는 것을 볼 수 있다. 평상시 같으면 아무 생각 없이 다관을 들어 올릴 것이다. 하지만 마지막 한 방울까지 마음을 두고 지켜보다 보면 수시로 변하는 마음을 알아차릴 수 있다.

이럴 때 그 마음을 보는 일은 매우 중요하다. 마지막 한 방울이 다 떨어질 때까지 마음의 동요 없이 지켜봤다면 집중력과 알아차림이 좋았다는 증거이다. 반대로 조급한 마음에 빨리 해결하고자 하는 마음이 일어났고 그 마음을 알았다면 이 역시 알아차림이 좋았다는 것이다. 이로 인해 무의식적으로 행동하기 전에 스스로 결정할 수 있는 시간을 번 것이다. 예전 같으면 아무 생각 없이 다관을 들어 멈추게 했겠지만, 그 마음을 볼 수 있게 되면서 좀 더 지켜볼 것인지 다관을 들어 올릴 것인지 스스로 결정하게 된다. 혹 다관을 들어 올리더라도 성난 마음이 아닌 편안한 마음으로 천천히 들어올리며 알아차림을 유지하게 된다.

이처럼 MTM은 마음을 읽을 줄 알고, 마음을 다스릴 줄 아는 힘을 길러준다. 더 나아가 조금은 부정적으로 대응하던 마음의 습관을 긍정적인 습관으로 바꿔나가게 하는 힘이 되어 준다. 반복되는 내 마음의 패턴을 알게 되면 내 마음을 어떻게 다뤄야 할지 알게 된다.

있는 그대로 수용하라

MTM의 도구인 차는 민감한 음식이다. 같은 차라도 날씨, 물의 온도, 습도 등에 예민하게 반응한다. 그러므로 차의 색, 향, 촉감, 맛을 음미하는 과정에서 대상에 세밀하게 주의를 기울이다 보면 저절로 집중력이 향상된다. 큰 소리보다는 들릴 듯 말 듯 조그마한 소리에 더 집중하게 되는 것과 비슷한 원리이다. 마음은 더 고요해지고 대상과는 하나가 되어 생각이 끼어들 여지가 사라진다. 그저 현상이 일어나고 사라지는 것을 바라볼 뿐이다. 좋고 싫음의 감정도 끼어들 여지가 없어진다.

MTM은 마음이 현재 경험하는 현상을 있는 그대로 알아차리는 일을 하는 것이므로, 매 순간 다양한 감각기관(육근)에 부딪히는 대상(육경)에 주의를 기울이게 된다. 그래서 대상에 마음이 머물러 대상의 특징을 분명하게 파악하면 있는 그대로 봐서 알게 되는 지혜가 생기게 된다.

MTM은 마음챙김과 알아차림을 이용하여 몸을 비롯해 차를 다루면서 만나게 되는 물질의 현상과 특징, 더 나아가 마음을 있는 그대로 볼 수 있느냐가 핵심이다. 감각기관을 통해 접하는 모든 대상을 가까이에서 관찰하고 들여다봄으로써 물질의 속성뿐만 아니라 마음에서 일어나는 모든 욕망, 좋아함과 싫어함, 즐거움과 고통 등을 있는 그대로 알아차려 지켜본다. 그리고 그것들이 모두 영원하지 않고 일시적임을 알아차리고 놓아버린다. 놓아버릴 때 지혜가 들어서는 것이다.

MTM은 차라는 도구를 통해 있는 그대로를 알아차리는 지혜를 진행할 수 있는 명상이다. 차를 마실 때 오감을 통해 만나게 되는 다양한 대상과 대상을 통해 만나게 되는 몸의 감각과 느낌을 있는 그대로 알아차리는 것에서 더 나아가 무슨 마음으로 마시는지 알아차려야 한다. 좋거나 싫은 대상을 통해 마음이 반응하는 것을 재빨리 알아차릴 수 있다면 MTM을 제대로 하고 있다는 증거이다. 좋은 마음이든 싫은 마음이든 지금 일어나는 그 마음을 알아차리기만 하면 된다. 자칫 알아차림을 놓치면 좋은 느낌은 붙잡게 되고, 나쁜 느낌은 멀리하고 싶어진다. 그럴수록 더 집착하게 되고 더 빠져들게 된다. 그 마음을 알아차려 그대로 수용할 때 마음은 요동치지 않는다. 이처럼 알아차림을 지속하다 보면 편안한 마음 상태로 차의 다양한 향과 맛 등을 온전히 즐길 수 있게 된다.

물론 알아차림이 말처럼 쉬운 것은 아니다. 습관적으로 일어나는 생각 때문에 알아차림을 놓치곤 한다. 그러나 어느 정도 수준에 오르면 알아차리는 힘이 붙는다. 설령 수없이 대상을 놓쳐 알아차리지 못했어도 상관없다. 놓친 줄 알고 다시 돌아오기를 반복하다 보면 알아차림은 좋아지게 되어 있다. 알아차림을 놓쳤음을 빨리 알아차리고 다시 대상으로 돌아오면 된다.

MTM에서 알아차림의
역할과 중요성

MTM은 인간의 감각기관을 통해 들어오는 온갖 세상의 정보, 이들 정보를 인식하는 인식 기관의 작용을 차라는 도구를 통해 주의 깊게 들여다보며 실제를 경험하는 것이다. 즉, 인간의 감각기관인 육근을 통해 접하게 되는 감각 대상인 육경과 함께하는 육식의 작용을 있는 그대로 알아차리는 프로그램이다. 여기서 말하는 육근, 육경, 육식은 불교 용어로, 세상을 만나고 인식하는 과정을 담당하는 핵심 요소를 말한다. 이 핵심 요소를 MTM에서 어떻게 다루고 있는지 살펴보자.

알아차림은 개입하지 않는 관찰이다

MTM은 감각기관을 활짝 열고 차의 전 과정을 통해 몸과 마음의 느낌과 감각, 감정을 알아차리는 마음챙김 차명상 프로그램이다. 여섯 감각기관을 통해 접하게 되는 모양이나 빛깔, 소리, 냄새, 맛, 촉감, 감정에 마음을 보내 자세히 살펴보며 있는 그대로 알아차리는 것이다. 이처럼 MTM에서는 마음챙김과 알아차림을 빼놓고는 설명할 수가 없다. MTM의 핵심 요소인 알아차림은 우리가 현상을 기억하고, 식별하고, 판단하기 이전의 순수하게 받아들이는 찰나의 특징을 지닌다. 알아차림은 가능한 한 주관이 '개입하지 않는 초연한 관찰'이기도 하다. 따라서 눈앞의 상황에서 한 걸음 물러나 편견 없이 관찰할 수 있게 해준다.

알아차림을 제대로 이해하려면 육근, 육경, 육식에 대한 이해가 필요하다. 인간이 사물을 인식하기까지는 육근(六根)이라는 여섯 감각기관과 이들 감각기관을 통해 만나게 되는 여섯 대상인 육경(六境), 육경을 바탕으로 육근과 연결하는 육식(六識)의 활동이 필수이다. 이들 3가지가 함께해야만 현상과의 접촉이 발생한다. 구체적으로 육근에는 눈, 귀, 코, 혀, 피부, 생각이 있으며, 육경에는 모양이나 빛깔,

소리, 향, 맛, 촉감, 법(관념)이 있다. 또 육식에는 빛과 눈이 만나 함께 작용하는 안식(眼識), 귀와 소리가 만나 작용하는 이식(耳識), 코와 냄새가 만나 함께 작용하는 비식(鼻識), 혀와 맛이 만나 작용하는 설식(舌識), 몸과 촉감이 만나 함께 작용하는 신식(身識), 생각에 기대어 대상을 인식·추리·추상하는 마음의 작용인 의식(意識)이 있다. MTM은 근경식(根境識)이라는 삼사의 화합작용에 마음을 보내 객관적으로 아는 게 전부이다.

인간이 여섯 감각기관을 총동원하여 집중하는 대표적인 시간은 음식을 먹을 때이다. 그 때문에 음식 먹을 때 알아차림을 강조하는 수행센터도 있다. 그러나 음식을 먹을 때는 탐욕과 성냄이 일어날 수 있다. 특히 식탐이 있거나 맛있는 것을 좋아한다면 음식 관찰은 생각보다 어려울 수 있다. 이에 비해 차는 인간의 모든 감각기관을 동원하면서도 여유롭게 몸과 마음을 관찰할 수 있는 식품이다.

눈을 통해 접하는 찻잎의 색깔이나 형태, 다구와 찻물의 색깔을 있는 그대로 알아차릴 수 있다. 또 찻잔을 잡았을 때 손에 닿는 온기나 냉기, 코끝에 닿는 차의 향과 입 안 가득 퍼지는 차의 다양한 맛을 있는 그대로 알아차릴 수 있다. MTM은 찻일의 전 과정을 통해 여섯 감각기관을 모두 다룰 수 있는 편안하면서도 확실한 시간이다.

눈과 색깔· 모양의 만남

육근 가운데 하나인 눈(眼根)은 빛의 자극을 받아 물체를 볼 수 있는 시각 기관으로, 사람이 습득하는 정보의 약 80%가 눈을 통해서 이루어진다고 한다. 그만큼 중요한 역할을 하는 것이 눈이다. 차 역시 눈을 통해 많은 대상과 만나게 된다. MTM에서는 눈을 통해 접하게 되는 모든 대상에 마음을 기울여 알아차림을 연습하게 된다. 차와 관련된 모든 형태와 색깔이 관찰 대상이 된다.

찻잎의 경우, 색깔만 놓고 봐도 너무 다양하다. 차의 종류에 따라 본래의 색이 있고, 이들은 제조 과정에 의해 색이 변하고, 모양이 달라지고, 우렸을 때의 색깔도 변하므로 각각의 차가 지닌 여러 가지 특징들에 주의를 기울여 관찰하게 된다. 차의 색깔과 형태는 다른 음식이나 대상과 달리 아주 미세한 차이를 보이기 때문에 자연스럽게 집중하게 된다.

또 차를 우리는 데 있어서 가장 중요한 물도 알아차림의 대상이다. 물이 끓어오를 때 일어나는 물의 다양한 변화와 움직임, 다관에서 떨어지는 물줄기의 흐름, 찻잔에 떨어지는 물방울이 만들어내는 수많은 기포와 잔물결, 찻물의 색깔 변화, 찻잔에서 피어오르는 수증기까지 물과 눈이 만나는 모든 대상에 마음을 두고 알아차림을 한다. 다구 역시 알아차림의 대상이다. 다구의 모양, 다구의 색, 다구에 담긴 찻물 등 눈으로 볼 수 있는 것에 주의를 기울여 관찰하며 지금 이 순간에 머물게 된다.

이처럼 MTM은 마음챙김과 알아차림의 대상이 무척 많다. 다만 집중력의 정도 차이에 따라 대상과 함께하는 시간이 달라질 수 있다. 마음챙김이 좋은 사람은 MTM의 전 과정에서 대상에 초점을 맞춰 대상과 마음이 하나가 되는 빈도가 높을 것이고, 초보자는 놓치는 빈도가 많은 차이가 있을 뿐이다.

귀와 소리의 만남

인간이 세상과 만나는 정보 대부분은 눈을 통해 이루어지지만, 시각 못지않게 중요한 감각기관이 귀이다. 그런데 눈과 귀가 얻을 수 있는 정보의 영역은 전혀 다르다. 사람은 시야각(120~130°) 안에서 앞을 향해 바라볼 수 있다. 즉 시야각의 범주를 벗어난 옆과 뒤를 보지 못하고, 눈을 감거나 장애물이 있으면 볼 수 없다. 이에 비해 공기의 진동을 통해 소리의 자극을 받아들이는 귀는 늘 열려 있어 사방에서 들리는 소리를 언제든 들을 수 있다. 물론 인간이 들을 수 있는 소리의 영역은 20~2만Hz이고, 주변의 소음 정도나 소리를 전달하는 매개체(공기나 물 등)의 밀도에 따라 소리가 잘 들리기도 하고 잘 안 들리기도 한다.

MTM에서는 육근 가운데 하나인 청각 기관인 귀(耳根)를 통해 만나게 되는 소리를 알아차림의 대상으로 삼는다. 차시로 차를 덜어낸 때의 찻잎 부딪히는 소리, 다관 뚜껑을 내려놓을 때의 소리, 탕관의 물 끓는 소리, 다관(찻주전자)에 물 따르는 소리, 찻잔에 떨어지는 물방울 소리, 찻물을 입 안에 머금을 때의 소리, 찻물 넘길 때의 꿀꺽하는 소리 등 알아차림의 대상도 다양하고 모두 제각각이다.

이런 소리의 변화를 집중해서 알아차리기 위해 마음을 고요하게 모아야 한다. 물이 끓는 소리에 귀 기울이고, 완급과 절도를 지키며 물을 따르는 소리에도 귀를 기울이는 등 소리와 관련된 각 대상에 온전히 마음을 가져가 자세히 살펴본다. 이렇게 소리에 마음을 보내 집중할 때 마음은 이완되고 편안해진다. 그리고 단지 들리는 것으로 끝나는 것이 아니라 마음을 통해 '들리는 것을 알고 있다'라고 소리와 그것을 아는 마음을 함께 알아차릴 수 있다.

코와 냄새의 만남

MTM에서는 육근 중 하나인 냄새를 맡는 감각기관인 코 (鼻根)를 통해 만나게 되는 다양한 냄새에 주의를 기울여 알아차림을 한다. 참고로 인간이 구별할 수 있는 냄새는 4000여 가지나 된다. 그러나 코는 다른 감각기관에 비해 매우 예민하고 쉽게 피로를 느끼는 특징이 있다. 따라서 같은 냄새를 오래 맡으면 감각이 무뎌진다. MTM에서는 좋은 냄새든 나쁜 냄새든 특별한 냄새든 모두 관찰 대상이다. 찻잎마다 고유의 향기가 있고, 차를 우릴 때 피어나는 향기, 온도에 따라 달라지는 향기 등 향에 관련된 모든 것이 알아차림의 대상이 된다.

차의 향기는 차의 생명이라고 할 수 있는 중요 부분으로, 단일 물질로 대표되는 것은 없고 다양한 종류의 향기 성분의 조합에 따라 결정된다. 또 같은 차라고 해도 차의 보관 방법과 차를 우려내는 물의 온도와 시간에 따라 향기가 미묘하게 달라지므로 그 차이를 느끼려면 대상에 온전히 집중해야 한다.

차의 향기는 찻잎에 함유된 휘발성 성분에 의해 형성된 것으로, 여러 성분이 복합적으로 작용하여 나타난다. 햇차의 향기는 사람의 마음을 온화하고 상쾌하게 해준다. 차의

생잎은 싱싱한 풀 냄새가 느껴지나 녹차 제조 공정 중 최초의 증기열 또는 가마솥 덖음에 의해 싱싱한 잎의 상쾌한 향기는 묽어지고 공정이 진행됨에 따라 좋은 냄새의 향기가 강하게 된다. 차의 성분에 따라 향도 제각각이다.

MTM에서는 차 고유의 향, 차를 우렸을 때의 향, 입 안에 남겨진 잔향 등 다양한 향과 접하게 된다. 조건이 바뀌면서 달라지는 향에 주의를 기울여 있는 그대로 느끼며 알아차림을 하는 게 중요하다.

이처럼 다양한 차의 향기를 있는 그대로 알아차릴 수 있다면 MTM은 잘되고 있다고 봐도 된다. 그리고 자신이 차 향기를 맡으며 좋아하는 마음과 싫어하는 마음이 생긴다면 역시 알아차림의 대상으로 삼는다. 이런 알아차림은 심신이 이완된 이후에 차의 좋은 향에 집착하는 마음이 생기지 않도록 도와준다.

혀와 맛의 만남

인간이 맛을 접할 수 있는 것은 육근의 하나인 혀(舌根)라는 미각 기관을 통해서이다. MTM에서 차의 맛은 알아차림의 중요한 대상이다. 차의 맛은 한 가지로 단정할 수 없다. 차에는 단맛과 쓴맛, 감칠맛, 떫은맛 등이 어우러져 차의 독특한 맛을 내기 때문이다. 차의 맛을 결정짓는 3대 성분은 차에 함유된 티폴리페놀, 아미노산, 카페인이다. 이외에도 수용성 펙틴, 가용성 당류, 수용성 단백질, 비타민, 무기염 등이 차 맛에 영향을 준다. 차는 쌉싸름하고 떫은맛의 카테킨, 쓴맛의 카페인과 사포닌, 감칠맛의 유리아미노산류, 단맛의 당류, 펙틴 등 고분자 화합물이 상호작용을 하여 차 맛에 균형과 조화를 이루고 그 뒷맛에 단맛을 느끼게 해준다. 여기서 감동적으로 오래 남는 맛은 담백함이다.

이처럼 차는 다양한 맛을 지니고 있고, 차마다 맛의 미세한 차이가 있어 알아차림의 훌륭한 대상이 될 수 있다. 또 물의 온도나 차 우리는 시간에 따라 차 맛이 달라짐으로 이 역시 훌륭한 알아차림의 대상이 된다. 차의 다양한 맛은 후각을 통한 향과 어우러져 독특한 맛을 경험하게 된다. 그러나 MTM에서는 맛이 좋고 나쁨을 분별하는 것은 아니다. 떫으면 떫은맛을, 쓰면 쓴맛을 있는 그대로 알아차리는 것이 중요하다. 이때 쓴맛의 차를 마시며 마음이 언짢았다면 그 마음까지도 알아차림의 대상이 된다.

피부와 촉감의 만남

인간이 다양한 감각을 느낄 수 있는 것은 육근 가운데 하나인 몸(身根)이라는 촉각 기관이 있어 가능하다. 몸을 통해 만나는 수많은 느낌과 감각이 MTM의 알아차림의 대상이 된다. 예를 들어 차를 우리고 마시면서 접하게 되는 다관·찻잔·숙우의 온기와 질감 등이 대표적인 알아차림의 대상이다. 그밖에도 새로운 차를 만나면 찻잎을 손으로 만지거나 씹어 보면서 색깔·향기·맛을 관찰하게 되는데, 이때 손에 느껴지는 찻잎의 거침, 부드러움 등이 알아차림의 대상이 된다.

다구를 정성스럽게 다루는 과정에서 몸에 닿는 다양한 감촉들도 알아차림의 대상이다. 차시, 차 집게, 다선 등 차 관련 소품을 다룰 때 느껴지는 감촉에도 주의를 기울여 알아차림을 한다. 피부를 통해 만나게 되는 모든 느낌과 감각에 주의를 기울여 느끼고 알아차릴 때 자연스럽게 현재 이 순간에 머물 수 있게 된다.

차와 다구뿐만 아니라 차를 다루면서 변화하는 몸의 감각도 주요 알아차림의 대상이다. 몸의 4가지 요소인 땅, 물, 불, 바람의 특징이 어느 때 어디에서 일어나는지, 사라지는지 있는 그대로 알아차린다. 단단함과 부드러움으로 설명할 수 있는 땅의 성질, 뭉치는 물의 성질, 뜨거움과 차가움으로 설명되는 불의 성질, 움직임으로 설명되는 바람의 성질을 관찰한다. 예를 들어 다관이나 숙우를 들어 올릴 때 느껴지는 팔의 무거움, 찻주전자를 내릴 때의 가벼움이나 움직임도 알아차림의 대상이다. 혹 긴장을 하여 몸이 단단해졌다면 이 역시 알아차림 해야 하며, 찻물이 온몸으로 퍼질 때의 움직임과 따뜻함도 놓치지 말고 알아차림 해야한다. 몸과 관련된 모든 것에 주의를 기울여 알아차릴 때 MTM은 물 흐르듯 잘 이뤄지고 있다고 볼 수 있다.

생각과 현상의 만남

육근의 하나인 생각(意根)은 온갖 마음의 작용을 이끄는 근원을 말한다. 인간이 어떤 현상을 만나는 것은 정신 혹은 마음을 통해서이다. MTM에서 알아차림의 또 다른 대상인 현상(法)은 크게 두 가지로 볼 수 있는데, 하나는 눈과 귀, 코, 혀, 피부를 통해 부딪힌 대상을 알아차리는 마음이다. 다른 하나는 현재의 마음 자체가 또다시 알아차림의 대상이 되는 것이다. 마음도 마음을 알아차릴 수 있기 때문이다. 무엇보다 마음은 의식으로써 우리의 감각과 느낌을 선입견이나 판단 없이 접촉하게 해준다. 생각(意根)은 감각기관들(안·이·비·설·신)을 모두 포함하는 요소로 볼 수 있으며, 이것 역시 하나의 알아차림의 대상으로 놓을 수도 있기 때문이다.

MTM은 자기 내면을 철저하게 관찰하는 방법을 통해 통찰을 지향한다. 깨달음이란 인간과 만물의 진실한 법을 꿰뚫은 경지에서 발견되는 것이다. 이 세상에 존재하는 것, 일체가 하나하나 다 법이라고 불릴 수 있다. 그럴 때 법은 대상·사물·실제 또는 현상 등으로 해석된다.

편안한 마음으로 MTM을 반복하다 보면 점차 높은 단계에 이른다. 오감을 활발히 깨워주기 때문에 알아차림이 자연스럽게 강화된다. 차를 마시며 몸과 마음의 상태를 그때그때 놓치지 않고 지속해서 알아차리게 되면 현재 차를 다루는 순간에 머물면서 깨어 있을 수 있다. 이것이 바로 MTM의 목적이다.

MTM은 차 맛을 느낄 때의 감각에서 시작하여 차가 몸 안으로 흘러 들어가듯 우리 몸이나 마음의 상태를 있는 그대로 느껴가는 것이다. MTM 과정에서 나타나는 현상을 있는 그대로 보고 판단하지 않고 수용하며 지금 이순간의 몸과 마음의 작용을 있는 그대로 알아차리는 것이다.

알아차림은 나(ego)를 내려놓는 일이다

오늘날 알아차림 혹은 마음챙김이란 말은 명상뿐만 아니라 요가, 심리학 등 다양한 분야에서 사용하고 있다. 마음과 관련된 공부를 하다 보면 어렵지 않게 만나게 되는 용어이기도 하다. 그런데 마음챙김과 알아차림은 불교 수행의 핵심 요소이기도 하다. 이처럼 오래된 마음챙김과 알아차림이 2500년도 더 지난 오늘날 명상과 심리학에서 재조명되고 있다는 점은 매우 흥미롭다.

심리학에서의 알아차림은 '개체가 자신의 삶에서 현재 일어나고 있는 중요한 현상들을 방어하거나 피하지 않고 있는 그대로 지각하고 체험하는 행위'라고 정의하고 있다. 알아차림은 우리의 의식이 저항하지 않고 수용할 때, 판단이라는 이성이 작용하지 않을 때, 무언가에 집중하고 있을 때 이루어진다. 알아차림은 나(ego)를 내려놓는 일이기도 하다. 이제까지 사용하던 세상의 잣대를 내려놓을 때 비로소 제대로 보이기 시작한다. 즉, 저항하지 않고, 분석하지 않고, 그저 명료하게 바라볼 때 알아차림은 그곳에 있다.

알아차림은 우리가 바라보는 생각이나 느낌에 그 어떤 것도 더하거나 빼지 않고, 무슨 생각이나 느낌이 나타나도 그냥 그것을 바라보는 것이다. 그 때문에 '순수한 주의집중'이라고 부르기도 한다. 알아차림의 '순수한 주의집중'이라는 측면은 정신적 메커니즘의 '탈자동화'로 이끌 수 있다. 순수한 알아차림을 통하여 우리는 사물을 있는 그대로 볼 수 있으며, 습관적인 반응과 투사에서 벗어날 수 있다. '선택 없는 자각'으로 지각 정보에 대한 자동적이고 습관적인 반응을 알 수 있게 되고, 이런 자동적 반응에 대한 완전한 자각은 해로운 정신적 습관을 바꾸는 데 결정적 역할을 하게 된다. 내가 보는 게 아니라 사물 그 자체를 보게 되는 것이다.

명상에서도 알아차림의 중요성은 강조되고 있다. 알아차림이 좋아지면 좋아질수록 명상이 깊어지고, 마음의 힘이 생긴다. 대상과 감정과 내가 하나가 아님을 경험하게 되고, 대상을 있는 그대로 보는 힘이 생기게 된다. 대상을 있는 그대로 알아차릴 수 있다는 것은 마음챙김을 전제로 한다. 즉, 대상에 마음이 밀착된 상태로 생각에 빠지지 않고 계속 지금 이 순간에 머물게 된다. 이때 들뜬 마음은 사라지고 없다. 차분하게 가라앉은 마음은 대상에 정확히 꽂히고 대상과 감정, 느낌은 분리된다.

MTM이 알아차림의 초석이 될 수 있는 것은 뛰어난 이완의 효과 때문이기도 하다. MTM은 차의 이완 기능과 명상의 마음챙김이 만나 몸과 마음에서 일어나는 현상을 편견, 선입견, 판단 없이 균형 잡힌 마음으로 볼 수 있게 해준다. 찻잎이나 찻물의 향기와 색깔, 맛에 주의를 기울이며 아무 판단 없이 오롯이 느낌을 그대로 느끼면 된다. MTM 도중 좋고 싫음이 일어났다면 그 마음도 알아차린다. 좋고 싫음에 반응하지 않고 그렇구나 하고 알아차리면 그만이다. 눈앞에서 벌어지는 온갖 상황에 대응하지 않고 한 걸음 물러나 있는 그대로를 관찰하면 된다.

MTM TALK
초보자 체험기

딴생각이 안 나요!

MTM을 할 때 소리에 집중하면 ASMR 장치를 한 것처럼 모든 소리가 가깝고도 선명하게 들립니다. 포트에 찬물 따르는 소리, 퐁퐁 올라오는 물 끓는 소리, 굉음을 울리듯 들끓어 오르는 소리, 포트의 스위치가 꺼지면 언제 그랬냐 싶게 잦아드는 물 끓는 소리, 다관에 또르르 떨어지는 물소리, 한 방울 한 방울 떨어질 때 들리는 '똑'하는 소리 등 어느 한순간도 같은 적이 없습니다. 같은 소리라도 사람에 따라 모두 다르게 들리는 것 같습니다. 누구는 폭포 소리 같다고 하고, 누구는 어린아이의 오줌 누는 소리 같다고 하고, 또 어떤 이는 낙숫물 떨어지는 소리 같다고 합니다.

소리에 집중하다 보면 다른 생각이 나질 않습니다. 평상시에 잡생각이 많은 나로서는 신기하기까지 합니다. MTM을 할 때는 놀라울 정도로 집중이 잘됩니다. 다양한 소리에 귀 기울이는 동안 마음도 소리와 함께하기 때문인 듯합니다. 그래서 불편한 생각들이 떠오를 때면 MTM을 하면서 마음을 가라앉힙니다.

ⓒ 곽용섭

MTM　　TALK
보이차 시음기

"몸의 감각과 감정을 보는 데 더없이 좋은 차죠"

보이차에 관련해서는 주위에서 이런저런 이야기를 많이 들었습니다. 하지만 직접 보이차를 우리고 마시는 일은 MTM을 통해서 처음 경험했습니다. 저는 일주일에 1회 MTM에 참가했는데, 수업 시간마다 다른 차를 마시곤 했습니다. 순한 맛의 녹차를 마실 때도 있고 황차나 청차 등을 마실 때도 있고, 보이차를 마실 때도 있었습니다. 다양한 차 맛을 경험하고 각 차의 특징과 함께 매번 달라지는 감각과 느낌을 알기 위해서입니다.

MTM의 특성상 단순히 차를 마시며 차담을 하기보다는 차의 전 과정을 통해 마음을 관찰 대상에 보내 특성을 알아보는 작업을 했습니다. 각자 1인용 다구를 이용해 찻잎 모양에서 미세한 향·맛, 그로 인한 몸의 감각과 마음의 감정까지 모든 게 관찰의 대상이었습니다. 이완명상으로 시작해 1시간 넘게 차를 우리고 마시다 보면 마음이 차분해지고 차와 하나가 되는 기분이었습니다. 어느 순간 느긋한 마음으로 MTM에 몰입해 있는 자신을 발견하곤 했습니다.

보이차는 몸의 감각과 마음을 보는 데 아주 좋았습니다. 보이차를 처음 접했을 때의 기억은 뭔가 모를 꿉꿉함이었습니다. 곰팡내도 아니고 그냥 이상한 향과 맛이었습니다. 순간 거부감이 일고 곧이어 싫다는 감정이 올라왔습니다. '이 당황스러운 맛과 향은 뭐지? 너무 싫어!'라는 감정이 보였습니다. 하지만 6개월 넘게 보이차를 마시다 보니 보이차의 꿉꿉한 향과 맛이 너무 좋아졌습니다. 보이차에는 문제가 없었던 것이죠. 제 마음이 낯선 향과 맛이 싫다고 거부했던 것이죠.

보이차는 녹차나 청차와 달리 100℃에서 짧게 우려내기 때문에 발열 효과가 뛰어납니다. 다른 차들이 식도를 타고 물 스미듯이 온몸에 퍼지는 느낌이라면, 보이차는 순간 몸 전체로 확 퍼지는 느낌입니다. 감정뿐만 아니라 몸의 감각을 느끼는 데에도 효과적인 차인 셈이죠. 이제 보이차는 저의 몸을 책임지는 건강 차로 즐겨 마십니다. 특히 몸이 으슬으슬하거나 체력이 떨어졌다고 생각되면 보이차를 뜨겁게 우려 마십니다. 그러면 온몸이 후끈해지며 몸의 냉기가 사라지는 느낌입니다. 떨어졌던 기운도 확 올라오는 느낌입니다. 여러분들도 보이차를 마시며 MTM에 도전 한번 해보십시오.

3

내가 달라지는
MTM의 기적 같은 효과

인간이 행복하지 못한 것은 현재를 살면서도 현재 이 순간
에 함께하지 못하기 때문이지 않을까? 인간은 끊임없이 불
안과 걱정이 만들어내는 생각들로 있는 그대로를 느낄 수
도 볼 수도 없다. 인간은 오감을 통해 세상과 만나고, 오감
을 거치면서 생각에 빠져들게 구조화되어 있다. 이는 생존
을 위해 인간이 택했던 방법이기도 하다. 따라서 생각으로
부터 자유로운 사람은 없다고 봐야 한다. 생각하지 않으려
고 하면 할수록 생각에서 벗어나기 어려워진다. 생각은 억
지로 멈춰지지 않는다. 생각하고 있음을 알아차릴 때에만
생각은 확장을 멈춘다.

생각의 특징은 무의식적으로 작동한다는 것이다. 자신이 무슨 생각을 하고 있는지도 모른 채 생각에 빠져든다. 이런 생각을 멈추게 하는 방법 가운데 하나는 실재하는 감각이나 느낌을 알아차리는 것이다. 그런데 감각과 느낌을 관찰하는 데에는 차만큼 효과적인 것도 없다. 우리의 오감을 통해 보고, 듣고, 냄새 맡고, 맛보고, 느낌을 알아차릴 수 있는 요소들을 다 갖췄기 때문이다. 게다가 차의 성분 가운데 테아닌(theanine)은 신경계를 안정시켜 몸과 마음을 이완시켜준다. 다른 식물에서는 거의 발견되지 않는 테아닌이 마음을 차분하게 가라앉혀 이완 상태에서 대상을 편안하게 바라볼 수 있게 해준다.

MTM이 등장할 수 있었던 것은 이 같은 차의 다양한 요소와 성분 때문이기도 하다. 이완을 통해 느긋하게 차를 마시면서 자신을 들여다보는 경험들이 쌓여 차를 명상의 도구로까지 발전시켰다. 그냥 음료에 불과하던 차가 더없이 훌륭한 알아차림의 도구가 되었고, 이를 통해 일상 속 행복으로 나아갈 수 있게 되었다.

차를 마시는 과정은 매우 단순해 보이지만, 매 순간 다양한 대상을 만날 수 있고, 다양한 감각과 느낌을 경험할 수 있다. 차를 준비하고, 우리고, 마시고, 마무리하는 등 대상이 뚜렷하고 지루할 틈 없이 이어지기 때문에 대상을 자연스럽게 따라가다 보면 집중력과 알아차림이 좋아진다. 더나아가 메타인지도 좋아진다. 이처럼 MTM은 우리에게 생각하지 못했던 많은 긍정적 효과를 가져다준다. 짧은 시간이라도 매일 반복적으로 훈련하다 보면 예전과 달라진 자신을 발견하게 될 것이다.

●　　　　　**지금 이 순간의 경험을 온전히 자각할 수 있다**

MTM이 가져다주는 가장 큰 효과 중 하나는 이 순간에 존재하기, 즉 현존이다. 미국의 저명한 명상가이자 임상심리학자인 타라 브랙(Tara Brach)은 『호흡하세요 그리고 미소지으세요』에서 "현존이란 지금 이 순간의 자신의 경험을 온전히 자각하고 있는 그대로 체감할 때 일어나는 깨어 있고 열려 있고 다정한 느낌"이라고 했다. 외적 대상이든 내적 대상이든 차를 다루면서 감각, 느낌과 함께하는 순간만큼은 적어도 지금 이 순간에 머무는 것이다. 생각에서 벗어나지금 이 순간에 실재하는 것이다.

　생각은 인간의 발전을 이끌어온 원동력이기도 하지만,

나를 현실로부터 멀리 떨어뜨려 놓는 행복 방해꾼이기도 하다. 생각을 멈출 때 비로소 그동안 놓쳤던 많은 것을 볼 수 있다. 눈앞에 있는 꽃이 어떻게 생겼는지 다가가 볼 수 있고, 평소에는 듣지 못했던 다양한 소리를 들을 수 있다. 또 아무 생각 없이 꿀꺽 넘기던 차도 입 안 가득 퍼지는 향과 다양한 차 맛 등을 온전히 느낄 수 있다. 생각에 갇혀 있을 때는 경험하지 못했던 있는 그대로의 실재를 경험하게 된다.

생각의 특징은 끝없이 이야기를 만들어내며 확장된다는 것이다. 자기 자신이 지금 무엇을 하는지 눈치조차 채지 못하며, 그저 이야기를 좇아 생각이 만들어낸 가상의 세계에 머물게 된다. 문제는 인간의 오랜 습관인 생각을 멈추게 하기가 정말 어렵다는 것이다. 또 MTM을 한다고 생각이 모두 멈춰지는 것도 아니다. 생각이란 게 생각을 해야지 해서 일어나는 것도 아니고, 생각을 멈춰야지 해서 멈춰지는 것도 아니다. 인간에게 생각은 너무 자연스럽게 일어나는 당연한 일이다. 눈으로 보고, 귀로 듣고, 혀로 맛보고, 코로 냄새 맡고 피부로 감촉을 느끼며 자연스럽게 생각이 일어나고, 생각은 꼬리를 치며 이어진다. 한 마디로 생각은 내 삶의 껍딱지이자 나를 현재 이 순간에 머물지 못하게 하는 괴력을 지니고 있다.

하지만 MTM을 지속하다 보면 마음의 근력이 생기면서 생각을 했더라도 곧 생각하고 있음을 알고 다시 대상으로 되돌아올 수 있게 된다. 멀리 달아난 마음을 다시 지금 이 순간으로 데려올 수 있다. 예를 들어 MTM을 하면서 다관에서 찻잔에 떨어지는 물소리에 마음을 기울여 듣고 있는 그 순간은 대상과 내가 하나가 된다. 그때는 생각이라는 것이 비집고 들어올 여지가 없다.

문제는 지속력이다. 대상에 익숙해지면 어느 사이엔가 생각이 비집고 들어온다. 미꾸라지처럼 교묘하게 들어와 어느 순간 나를 지배하게 된다. 이때도 걱정할 것은 없다. 생각이 일어난 줄 알고 다시 대상으로 돌아오면 된다. 이런 반복 훈련이 바로 MTM의 역할이기도 하다. 우리는 MTM을 통해 생각의 노예로 이끌려 다니는 게 아니라 온전히 있는 그대로의 나로서 살 수 있게 된다.

● **심신이 함께하는 완전한 휴식을 맛볼 수 있다**

현대인들의 최대의 적은 스트레스라고 할 수 있다. 스트레스의 어원은 '팽팽하게 죄다'라는 뜻의 라틴어 stringer에서 나왔는데, 자극에 대해 긴장, 불안, 흥분 등의 반응 또는 적응을 말한다. 물론 스트레스가 다 나쁜 것은 아니다. 긍정적인 스트레스(eustress)도 있고 부정적인 스트레스(distress)도 있다. 두 가지 스트레스는 같은 생리적 경험을 하게 되지만, 대부분은 부정적 스트레스로 힘들어하고, 이는 신체에도 나쁜 영향을 미치게 된다.

스트레스를 받게 되면 우리 몸에서는 스트레스 호르몬인 코르티솔, 아드레날린, 노르에피네프린이 분비된다. 이러한 스트레스의 반응은 투쟁과 도피를 위한 반응으로, 교감신경이 활성화되고 심장박동을 증가시키며 면역체계도 억제한다. 뇌 역시 장에 스트레스를 전달하고 장은 여기에 반응한다. 이러한 과정들은 일시적인 상황에서는 생존에 도움을 줄 수 있지만, 지속적인 스트레스 반응은 면역력의 저하로 연결된다. 질병을 앓게 되고, 스트레스 호르몬의 균형을 잃어 심리적인 고통 등 몸과 마음에 나쁜 영향을 끼치게 된다.

스트레스는 몸과 마음의 긴장과 직결된다. 시간에 쫓기며 사는 현대인들은 눈앞에 쌓인 일들을 처리하느라 긴장의 끈을 놓지 못한다. 게다가 스마트폰의 발달로 인간은 진정한 의미의 쉼을 모른 채 살고 있다. 잠자리에 들기 전까지 손에서 놓지 못하는 스마트폰은 우리의 뇌를 잠시도 쉬

지 못하게 한다. 쉬지 못하는 뇌는 늘 각성 상태가 되어 불면증 등 온갖 정서적 질병에 시달리게 된다.

그래서 쉬기 위해 여행도 가고 취미생활도 하지만, 진정한 휴식과는 거리가 멀다. 몸은 쉴지언정 여전히 머리는 쉬지를 못한다. 여전히 해결하지 못한 일과 감정들에서 벗어나지 못한 채 생각에 매몰되어 시달린다. 진정한 휴식을 모르는 현대인에게는 의도적으로라도 뇌의 과다한 업무를 줄여주는 노력이 필요하다. 건강하게 살기 위해 몸뿐만 아니라 마음, 뇌가 쉴 수 있는 환경을 조성해야 한다.

뇌를 휴식 모드로 바꾸는 데에는 MTM만 한 것이 없다. 차에는 몸과 마음을 편안하게 해주는 테아닌 성분이 있어 차를 마시면 자연스럽게 몸과 마음이 이완된다. 거기다 스트레스 해소에 특효약으로 불리는 명상이 만나 탄생한 MTM을 하게 되면 차 따로, 명상 따로 하는 것보다 이완 효과가 높아질 수밖에 없다. 차가 갖는 이완 성분에 명상의 마음챙김은 몸과 마음을 이완시키고 생각으로부터 뇌를 쉬게 해준다.

명상이 이완을 촉진하고 스트레스 감소에 효과적이란 것은 이미 과학적으로 입증되었다. 그중 하나가 부교감신경의 활성화이다. 우리 몸의 자율신경은 몸이 긴장된 상태에서는 교감신경이, 안정되고 이완된 상태에서는 부교감신경이 활성화되는데, 명상을 통해 부교감신경이 활성화한다고 한다. MTM을 통해서 차라는 대상에 주의를 기울이면 우리의 부교감신경이 활성화되면서 한결 심신이 이완되고 안정된 상태에 놓이게 된다. 진정한 의미의 휴식이 이루어질 수 있다.

MTM의 이완 원리는 어찌 보면 아주 단순 명쾌하다. 차를 마시는 것만으로도 몸과 마음이 이완되는데, 차를 준비하고 마시는 전 과정에 주의를 기울여 관찰하는 마음챙김을 통해 잠시 생각이 멈추는 효과를 얻게 된다. 마음을 차의 모양이나 향, 색깔, 맛, 감촉 등 한곳에 보내 집중하면 부교감신경이 활성화되어 몸과 마음이 편안하고 안정된 상태에 들게 된다. 차에 집중하면서 생각이나 감정의 연결고리가 끊어지게 된다.

몸과 마음의 이완을 이끄는 MTM을 하는 동안에는 호르몬의 분비 및 억제 현상이 일어난다. 예를 들어 행복 호르몬이라고 알려진 세로토닌이 분비되어 평안하고 안정된 상태를 만들어 심리적 이완을 느끼게 해준다. 반면에 만병의 근원인 스트레스를 대표하는 코르티솔 호르몬을 감소시켜 주어 우리 몸을 편하게 회복시켜 준다. MTM을 하는 과정에 우리의 뇌파에도 변화가 생긴다. 우리의 일상적인 뇌파는 베타파인데, 긴장하거나 불안할 때 뇌파는 더 많이 진동한다. 하지만 MTM 과정에서 우리의 뇌는 알파파나 세타파로 바뀌어 매우 편안한 이완된 상태를 만들어준다.

차의 성분 가운데 '천연 진정제'로 불리는 테아닌은 뛰어난 이완 효과를 나타낸다. 테아닌은 다른 식물에서는 거의 발견되지 않는 차 특유의 아미노산으로, 카테킨 다음으로 많이 활용되는 물질이다. 차를 마시면 긴장이 완화되고 기분이 느긋하고 차분해지는데, 이는 테아닌이 뇌신경 전달 물질을 조절하고 신경계를 안정시켜 긴장을 완화하기 때문이다. 실제로 테아닌 200mg을 복용한 후 뇌파를 측정해 본 결과 알파파가 현저히 증가했다는 연구 결과가 있다.

MTM은 차의 성분뿐만 아니라 따뜻한 찻물, 차의 향기, 차를 마시는 분위기로도 이완을 도와준다. 차를 마시는 행위는 오감을 통한 감각적 느낌들의 연속이기 때문에 자연스럽게 이완의 효과가 작용한다. 원하는 대상을 있는 그대로 보려면 우선 몸과 마음이 긴장하거나 불편하지 않아야 한다. 고요하게 이완이 되었을 때 흔들림 없이 현상의 모습을 있는 그대로 볼 수 있게 된다. 그런 면에서 MTM은 긴장을 넘어 이완, 이완을 넘어 완전한 쉼을 가져다준다.

스트레스 해소에 도움이 되는 차

스트레스는 크게 신체적 스트레스와 정신적 스트레스로 나눌 수 있다. 교감신경의 지나친 작용은 신체적 스트레스 때문에 생기고, 부교감신경의 지나친 작용은 감정적 스트레스 때문에 일어난다. 두 가지 스트레스 반응 유형은 모두 경련이나 경직, 통증, 긴장, 초조감, 그리고 정신 산란과 같은 증상을 일으킨다.

차는 주로 차나무에서 만든 것을 일컫지만, 예로부터 약재나 향료로 써온 허브 등도 대표적인 차다. 이밖에도 국화꽃을 비롯한 다양한 꽃차, 뿌리를 이용한 둥굴레차, 잎으로 만든 연잎 차 등 차의 종류는 대단히 많다. 차마다 효능도 다르고, 향과 맛도 다르다. 이들 가운데 스트레스 해소에 효과가 있는 차들을 소개하면 다음과 같다.

캐모마일 : 은은한 꽃향기는 진정작용을 도와주며, 두통을 완화해주고, 숙면을 도와준다. '땅에서 나는 사과'라는 뜻을 가진 캐모마일은 긴장 완화에 도움을 주고 스트레스 해소에 좋다.

라벤더 : 라벤더는 신경계를 조화시키는 효과가 있는데 특히 스트레스에 효과가 있다. 라벤더가 교감 또는 부교감신경계를 억제하여 특정 유형의 비생산적인 스트레스는 완화해주고, 생활의 정상적인 부분인 생산적인 스트레스는 방해하지 않는다. 특히 라벤더에 함유된

아세트산리날릴 성분이 긴장되거나 경직된 근육을 풀어주며 라벤더 특유의 향이 마음을 편안하게 해준다. 또 집중력 향상과 불면증을 개선해주며, 두통에도 좋다.

루이보스 : 루이보스는 카페인이 없는 차로도 유명한데, 루이보스에 있는 퀘르세틴 성분은 소화를 돕고 스트레스 완화와 심신 안정, 불면증 완화에 효과가 있다. 또 피부 노화를 막고, 항산화 물질이 혈액 순환을 도와 여러 혈관 질환을 막는 효과도 있다.

히비스커스 : '신에게 바치는 꽃'이라도 불리는 히비스커스는 기원전 4천 년 전부터 약재로 사용했으며, 고대 이집트의 클레오파트라가 아름다움을 위해 즐겨 먹었다고 한다. 히비스커스는 체내 지방 축적을 억제해주는 효능뿐만 아니라 안토시아닌, 플라보노이드 등의 성분으로 긴장 완화와 불안을 해소하고 정서적인 안정에 도움을 준다.

MTM의 긍정적 효과 가운데 하나는 주의집중력의 향상이다. 왜 현대인들은 한 곳에 주의를 기울이는 것이 힘든 것일까? 마음의 특성에서 그 원인을 찾아볼 수 있다. 인간의 마음 속도는 너무 빨라 측정하기 힘들다. 흔히 빠르다는 기준으로 빛의 속도를 예로 드는데, 빛이 1초에 갈 수 있는 거리는 지구 7.5바퀴이다. 이에 비해 생각은 언제든 과거와 미래, 우주 어디라도 갔다 올 수 있으니 비교 대상이 없다고 봐야 한다.

문제는 이런 마음의 특성상 어느 한 곳에 주의를 기울여 집중하는 일이 힘들다는 것이다. 의도적으로 그 힘을 기르지 않으면 몸과 마음이 따로 놀면서 자신이 지금 무슨 일을 하고 있는지 알 수 없게 된다. 그런데 인간이 행복하다고 느끼는 때는 뭔가에 집중하고 몰입된 상태라고 한다. 이 순간에 집중하지 못할 때는 생각에 빠져들며 산란한 마음 상태가 되어 행복과는 거리가 멀게 느껴진다.

인간이 가장 중요하게 생각해야 하는 것은 과거도 아니고 미래도 아니고 바로 현재다. 인간이란 존재는 현재 말고는 경험할 수 없기 때문이다. 우리가 안다고 착각하는 대부

분은 과거의 경험을 바탕으로 우리가 만들어낸 기억이다. 걱정이나 불안도 자신이 만들어낸 생각에 불과하다. 그 어느 것도 실재하지 않는다. 우리가 뭔가를 할 수 있다면, 그것은 지금 이 순간밖에 없다.

그런데 지금 이 순간을 경험하기 위해서는 주의집중력이 필요하다. 한곳에 머무는 일이 힘든 인간에게 재미없는 순간순간을 집중하며 지켜보라는 것은 거의 고문에 가깝다. 2015년 「타임」에 실린 기사에 의하면 인간의 주의력 지속시간은 불과 8초라고 한다. 금붕어의 주의력 지속시간인 9초보다 짧다고 한다. 인간이 한곳에 머물며 집중을 이어가는 것이 얼마나 힘든 일인지 알 수 있는 대목이다.

인간의 주의집중력이 짧은 데에는 외부로부터의 수많은 자극이 원인이기도 하다. 오감을 자극하는 수많은 정보를 찾아다니며 즐기는 현대인들의 뇌는 이미 과부하의 경고 사인이 울리고 있다. 문제는 뇌에 과부하가 걸리면 쉽게 집중력을 잃게 되고, 피로와 불안 등을 호소하게 된다는 점이다. 흔히 동시에 여러 작업을 하는 사람을 멀티 플레이어 혹은 능력자라고 생각하는 경향이 있다. 하지만 한 번에 여러 일을 동시에 하게 되면 뇌의 긴장감은 높아지고, 긴장감이 장시간 이어지면 집중력은 떨어지게 마련이다. 그 결과

일은 제대로 처리하지 못하고, 심각한 정신적 육체적 피로와 스트레스에 쌓이게 된다.

집중력을 되살리기 위해서는 시시각각 들어오는 외부의 자극을 줄여줄 필요가 있다. 잠시라도 생각이 아닌 자신의 감각에 온전히 집중하면 자극도 줄이고, 집중력도 높일 수 있다. 뇌의 과부하는 낮춰주고 집중력은 높여주는 방법으로 MTM을 권한다. 찻일의 전 과정을 느긋한 마음으로 알아차림 하며 생각이 아닌 감각에 주의를 기울여 머물다보면 자연스럽게 집중력이 좋아지고 깊은 몰입의 세계를 경험하게 된다.

집중의 사전적 의미는 한곳으로 모이는 것, 혹은 한 가지 일에 힘을 쏟아붓는 것이다. 즉, 대상과 내가 하나가 되는 밀착 상태를 말한다. 집중은 이완을 바탕으로 하며, 집중력이 좋아져 대상과 하나가 되면 고요한 마음 상태에서 나의 감각, 느낌, 마음을 있는 그대로 바라볼 수 있게 된다. 물론 처음부터 집중이 잘 되는 것은 아니다. 하지만 자신의 내면에서 일어나는 다양한 현상에 주의를 기울이고 관찰하는 MTM을 통해서 얼마든지 집중력을 키울 수 있다.

우리가 무언가를 보고, 듣고, 냄새 맡고, 맛보고, 촉감을 느끼고, 생각할 때 거기에는 물질현상과 정신 현상이 함께

한다. 그 현상에 주의를 기울이고 관찰함으로써 그 특성을 이해할 수 있게 된다. 주의를 기울이고 관찰을 하려면 그에 걸맞은 대상이 필요하다. 흔히 정통 명상에서는 호흡이나 배의 움직임을 대상으로 한다. 그러나 호흡을 관찰하는 일은 사람에 따라 쉽지 않을 수 있다. 불안이나 분노가 극심한 사람은 호흡 바라보는 일이 거의 불가능할 수도 있다. 공황장애를 겪는 사람은 호흡 자체가 힘들며 가만히 앉아 있는 것조차 힘들기 때문이다.

이에 반해 MTM의 대상은 몸이나 호흡이 아닌 외부 대상에서 시작하기 때문에 크게 문제가 되지 않는다. 누구나 할 수 있는 편안한 명상이면서 쉽게 집중력을 키울 수 있다는 장점이 있다. 차의 향, 차의 맛, 몸의 동작 등 주시 대상이 확실해 어렵지 않게 따라 할 수 있으며, 이 과정을 통해 자연스럽게 집중력이 좋아진다. 이것이 MTM의 매력이자 행복에 한 걸음 더 다가가는 방법이 될 수 있다.

● **역동적인 균형 감각을 키울 수 있다**

마음챙김과 알아차림을 기본 바탕으로 하는 MTM의 긍정적 효과에는 균형 감각의 향상을 빼놓을 수 없다. 차를 다루다 보면 수많은 현상을 만나게 되는데 사람에 따라 다른 반응과 다른 대응을 한다. 이때 얼마나 균형 잡힌 대응을 할 수 있는가는 알아차림에 달려 있다. 알아차림을 놓치게 되면 균형 잡힌 대응을 하지 못하고 무의식적으로 반응하게 된다. 때로는 망상을 이어가고, 때로는 분노하고, 때로는 집착하게 된다.

반면에 알아차림을 유지하고 있다면 매번 달라지는 조건에 무리 없이 대처할 수 있다. 예를 들어 깜빡 딴 생각에 빠져 아무 생각없이 너무 뜨거운 물을 다관에 부었더라도 그 사실을 빨리 알아차릴 수 있다면 거기에 알맞은 대응을 할 수 있다. 차 우리는 시간을 짧게 줄이면 된다. 반대로 물이 너무 식었다면 차 우리는 시간을 늘리면 된다. 이처럼 알아차림을 유지한다면 어떤 상황에서도 균형을 잡을 수 있다. 더 나아가 평상시에도 알아차림을 유지할 수 있다면 그때그때 상황에 맞는 균형 잡힌 삶을 이어갈 수 있다.

MTM은 심신의 이완과 집중력 향상뿐만 아니라 이완과 긴장의 균형을 바로잡을 수 있도록 도와주는 훌륭한 도구이다. 아무리 이완을 하려고 해도 긴장 상태에서 좀처럼 벗어나지 못하는 사람에게 MTM은 많은 도움이 된다. 뭔가

시도만 하려고 해도 긴장하는 사람에게 차를 우리며 외적 대상에 머무는 일은 잠시 긴장과 거리를 두는 효과가 있다. 어느 정도 몸과 마음이 이완되면 비로소 자신을 괴롭히던 긴장과 마주할 힘이 생긴다. 알아차림을 통해 긴장했음을 알고, 그 감각에 마음을 두면 차츰 긴장과 내가 하나가 아님을 알게 된다.

MTM 안에는 다양한 집중 대상이 있다. 싫증을 느낄 사이도 없이 다양한 감각 대상들을 만나게 되고, 이들 대상에 주의를 기울여 알아차림을 하다 보면 자연스럽게 지금 이 순간에 머물게 된다. 찻잎의 모양과 색깔, 물 끓을 때 나는 소리, 우린 물을 찻잔에 따를 때의 소리나 떨어지는 물줄기의 모양, 찻잔에 피어오르는 수증기, 은은한 차의 향, 찻잔을 들었을 때 손에서 느껴지는 감촉과 따뜻한 온기, 입술에 닿는 찻잔의 느낌, 입 안 가득 퍼지는 차 맛과 향기, 목구멍을 타고 넘어가는 찻물 등이 마음을 차분히 가라앉혀 있는 그대로 바라볼 수 있는 진정한 의미의 이완 상태로 이끈다. 고요하고 명료하면서 주의력이 집중된 역동적인 균형 상태를 이루게 된다.

이완을 통해 집중이 강화되면 저절로 강한 몰입이 일어난다. 나라는 에고는 사라지고 감각이나 느낌을 보는 마음과 그 마음을 아는 마음(메타인지)이 분명해진다. MTM은 차를 대상으로 삼아 이완과 집중, 몰입의 힘을 기를 수 있다. 여기에서 한발 더 나아가 메타인지의 힘도 기를 수 있다. 비로소 현상을 현상 자체로 보는 힘이 생긴다. 현상과 나를 분리하는 힘이 생김으로써 모든 현상을 있는 그대로 볼 수 있는 단계로 이끌어줄 것이다.

MTM TALK

MTM 상급자 체험기

온몸의 감각이 고스란히 느껴져요

차를 마시기 위해 나지막한 상에 다관, 숙우, 찻잔, 퇴수기를 가지런히 놓습니다. 차 우릴 물은 가스 중불에 생수를 끓여 뜨겁게 준비합니다. 좌선한 상태에서 끓인 물을 숙우에 담아 다관, 찻잔에 부어 데운 뒤 퇴수기에 버립니다.

뜨거운 물이 담긴 숙우를 양손으로 감싸니 매끈한 사발에서 뜨거움이 전해집니다. 다관에 찻잎을 넣고 숙우의 물이 적당히 식기를 기다렸다가 다관에 따릅니다. 다관 뚜껑을 닫고 몸의 감각을 알아차리면서 차가 우려지기를 기다립니다. 약 2분 후 다관을 들어 찻잔에 천천히 따릅니다. 높게 따르면서 또르릉 소리를 듣고 낮게 따르면서 뚜루룽 소리를 감상합니다. 찻물 색은 연녹색. 잘 우려진 듯해 만족해하는 내가 보입니다. 다관의 물은 마지막 한 방울까지 따르고 찻상에 내려놓습니다.

찻상에 있는 찻잔을 양손으로 감싸고 손바닥에 닿는 따뜻한 온기와 매끈한 찻잔의 질감을 느껴봅니다. 오른손으로 찻잔을 들고 왼손으로 받친 다음, 찻잔을 코 가까이 가져갑니다. 맑고 신선한 향기. 다시 찻잔을 입으로 가져가서 입술에 닿는 따뜻하고 매끈한 찻잔의 느낌을 느끼면서 한 모금 머금습니다. 따뜻하고 신선한 차 향기가 입 안 가득 퍼져나갑니다. 혀로 찻물을 굴리며 식어가는 온기와 옅어지는 향기를 충분히 느낍니다. 차를 삼키자 따뜻한 기운이 목을 타고 내려가고, 조금 식은 따뜻함이 식도를 타고 내려가고, 연이어 위장을 적십니다. 위장 전체가 따뜻해지고 주변으로도 따뜻함이 퍼져나가는 그 느낌도 놓치지 않습니다. 입 안은 촉촉한 느낌과 차의 잔향으로 가득합니다.

두 번째 우린 찻물을 찻잔에 따라 다시 마십니다. 향기와 맛이 조금 더 익은 느낌. 입 안을 구르며 촉촉해진 찻물이 입 안 구석구석을 마사지합니다. 조금씩 식어가는 온기와 퍼져가는 향기를 머금고 있다가 목 넘김을 시도해봅니다. 식도를 타고 내려가면서 달라지는 느낌들, 아래로 내려갈수록 조금씩 낮아지는 온도, 따뜻해지는 배를 느낍니다.

세 번째 차를 우려 마시며 같은 방법으로 알아차림을 지속합니다. 차의 맛은 첫 번째보다는 두 번째가 제대로 우러난 맛이고, 세 번째는 다시 옅어집니다. 찻물 색이나 차의 향 역시 차 맛과 비슷합니다. 두 번째가 좀 더 진하고 세 번째는 맛과 색이 옅습니다.

차를 마시는 즐거움 중 하나는 이완. 얼굴 근육이 이완되고 팔, 다리, 몸의 긴장도 풀어집니다. 어느덧 이마와 콧잔등에 땀방울이 맺히고, 열감이 등줄기를 타고 내려갑니다. 발바닥과 손바닥도 따뜻해집니다. 위장이 따뜻해지며 온몸에 열감이 퍼져 덥게 느껴집니다.

마지막으로 우려낸 찻잎을 관찰합니다. 다관 위쪽에 있던 찻잎이 바닥에 가라앉아 있습니다. 다관의 찻잎은 차 집게로 건져 퇴수기에 버립니다. 다관에 남은 찻잎은 물을 부어 물 위에 뜨게 한 다음 퇴수기에 물과 함께 버립니다. 숙우와 찻잔도 물로 헹군 다음, 다구들을 차 수건으로 닦아서 찻상에 가지런히 놓고 다포를 덮어 마무리합니다. 알아차림을 유지하면서 좌선을 풀고 일어나 찻상을 치웁니다.

꾸준히 하면 알아차리는 힘이 좋아진다

MTM의 핵심은 차를 대상으로 우리의 감각기관을 통해 만나는 다양한 현상들을 있는 그대로 알아차리는 것이다. 우리의 감각 대상을 알아차리는 데 차만큼 접하기 쉬운 도구도 없다. 간편하면서도 오감을 골고루 경험하게 해주는 차의 특성 때문이다. 다양한 찻잎의 모양, 우릴 때마다 달라지는 차의 향과 맛, 온도나 시간에 따라 달라지는 찻물 색, 다구의 감촉, 다구를 들고 내릴 때의 몸동작 등 지켜볼 감각 대상이 다양하고 분명해 알아차림 연습에 더없이 좋다.

MTM을 할 때는 느긋한 마음으로 진행해야 한다. 자칫 급하게 서두르다 보면 실수도 많이 하게 되고, 내가 지금 무엇을 하고 있는지 알 수 없게 된다. 속도를 늦추면 볼 수 있는 많은 대상과 현상을 놓치게 된다. 하지만 서두르고 있다는 사실 자체가 문제가 되는 것은 아니다. 서두르고 있다면 서두르고 있음을 알아차리면 된다. 서두르는 마음을 알아차렸다면 잠시 동작을 멈출 필요가 있다. 그 순간 내 마음은 어떤 기분인지, 몸은 어떤 느낌인지 잠시 지켜보도록 한다.

MTM이 제대로 이루어지려면 차분한 마음을 유지해야

한다. 마음이 들떠서는 몸과 마음에서 일어나는 것들을 알아차릴 수 없다. 의도적으로 대상에 주의를 기울인다고 해도 잠시 대상에 머물 뿐 또다시 대상을 놓치게 된다. MTM에서는 한 번에 한 대상에 마음을 기울이는 연습에서 시작한다. 찻잔의 온기에 마음을 기울일 때는 그 온기에 집중하고, 차의 향에 마음을 둘 때는 차의 향에만 집중한다. 한 번에 한 가지 대상에 집중해야 있는 그대로를 알아차릴 수 있다.

MTM을 하는 동안 다양한 대상을 만나게 된다. 모양, 소리, 냄새, 맛, 촉감, 마음 상태 등 그때그때 만나게 되는 대상이 달라진다. 대상이 바뀌면 바뀐 대상에 마음을 기울여 알아차림을 한다. 다관을 들 때나 내려놓을 때는 몸 동작에 주의를 기울여 알아차림을 유지하고, 싫은 마음이 생기면 그 마음에 주의를 기울여 알아차림을 유지한다. 그렇다고 한 동작도 놓치지 않겠다는 마음으로 관찰할 필요는 없다. 잘하겠다고 지나치게 애쓰는 순간 긴장감이 높아지며 마음이 흩어진다. 그냥 자신이 체험하고 있는 것들을 자연스럽게, 꾸준히 알아차리면 된다.

MTM은 날을 잡아서 오랜 시간 하는 것보다 짧더라도 매일 반복하는 게 효과적이다. 하루 30분 정도 시간을 내서 지속적으로 하다 보면 오감뿐만 아니라 마음에서 일어나는 변화도 빠르게 알아차릴 수 있게 된다. 뭔가 쫓기듯 서두르는 마음을 본다거나 좋거나 싫은 대상을 통해 마음이 반응하는 것을 빨리 알아차릴 수 있다면 대단한 발전이다. 이밖에도 무엇을 볼 때, 들을 때, 냄새 맡을 때, 맛볼 때, 접촉할 때, 생각이나 느낌에 대해 알아차렸을 때 어떤 마음인지 아는 것도 중요하다.

여기서 알아차린다는 의미는 자신이 무엇을 하고 있는지, 어떤 마음인지 있는 그대로 아는 것을 의미한다. 의외로 대부분 자신이 지금 무슨 일을 하는지, 무슨 마음인지 알지 못한다. 한 번도 그런 생각을 해본 적이 없을 수도 있다. 차를 마실 때도 아무 생각 없이 습관적으로 마시며 수다를 떨기 쉽다. 알아차림을 하고 차를 마시면 이제까지와는 전혀 다른 경험을 하게 된다.

차를 마셨을 때 차의 맛이 쓰면 쓰다는 것을 아는 것이 첫 번째 알아차림이다. 두 번째 알아차림은 쓴맛이 싫을 때 '아! 쓰네'라고 하면서 자신의 표정이 찌푸려지는 것까지 아는 것이다. 여기서 첫 번째 알아차림은 일차적 인지 과정으로 누구나 할 수 있다. 하지만 대부분 '쓰다'라고 아는 순간 바로 화를 내거나 차를 타 준 사람에게 불만을 표현할 수도 있다. 두 번째 알아차림을 놓쳤기 때문이다. '쓰다'라는 것을 알고 두 번째 알아차림까지 한다면 상황은 변할 수 있다. '내가 지금 차 맛이 써서 싫어하고 있구나!'라고 그 마음을 알아차림의 대상으로 놓는 것이다. 그 순간은 차의 쓴맛에 반응하는 자신의 내면이 관찰 대상이 된다.

여기서 쓴맛을 대상으로 삼으면 계속 화가 올라오지만, 쓴맛에 반응하는 나를 대상으로 삼으면 화는 더 이상 커지지 않는다. 지금의 상황을 있는 그대로 알아차리고 받아들임으로써 분노가 확장되는 것을 막을 수 있다. 이처럼 MTM을 하다 보면 판단하지 않고 있는 그대로를 보게 되는 지혜를 경험할 수 있는데, 이것이 MTM을 통해 얻게 되는 놀라운 효과이다.

● **감정과 무의식의 관찰자가 될 수 있다**

MTM은 지금 이 순간의 내 몸과 마음이 어떤지 아는 힘을 길러주는 생활명상이다. 차의 이완 효능 및 감각기관들을 다 동원할 수 있는 차의 특징을 명상의 핵심 요소인 마음챙김과 알아차림에 적용해 마음을 들여다보는 연습을 할 수 있게 고안했다. 차분히 가라앉은 마음으로 있는 그대로의 나를 들여다보며 감정과 내가 하나가 아님을 알게 되면 감정이 일어났을 때 감정에 휘둘리는 일이 줄어들게 된다. 감정이 무의식적으로 일어나는 것까지 통제할 수는 없지만, 일어난 감정 반응을 알아차림으로써 흐트러진 마음을 다스릴 수 있게 해준다. 즉, MTM을 통해 자신의 감정이나 행동을 조절하는 힘을 기를 수 있다.

설마 MTM으로 그게 가능하다고? 매일 30분 정도 시간을 내서 꾸준히 하면 나도 모르는 사이에 알아차리는 힘이 생긴다. 차를 준비하고, 우리고, 마시고, 정리하는 전 과정을 주시의 대상으로 알아차리다 보면 사물의 본성뿐만 아니라 마음까지도 아는 힘이 생긴다.

감각과 느낌, 감정의 변화들을 알아차리는 힘이 생기면 감정이 올라올 때 무의식적으로 반응하던 행동들을 제어할 수 있다. 알아차림으로 인해 습관적으로 행하는 반응에 앞서 눈앞의 상황에서 한 걸음 물러나 관찰자가 될 수 있다. 그러는 사이에 감정에 반응하지 않게 되면서 감정 조절도 가능해진다. 마음의 절제를 통해 극한 상황으로 몰아가는 일을 중지시킬 수 있다.

MTM을 통해 내 마음을 안다는 것은 내 행동의 방향타를 내가 잡고 있다는 뜻이기도 하다. 현재의 마음 상태를 정확히 알고, 내가 무엇 때문에 화를 내고 있는지 그 이유를 재빨리 파악할 수 있기 때문이다. 예를 들어 뭔가 언짢아지거나 상대방이 못마땅할 때 나도 모르게 욱하는 감정이 일어난다. 하지만 그 감정 반응을 빨리 알아차리고, 그 감정의 원인을 깨닫게 되면 화는 더 이상 확장되지 않는다. 거친 말이나 행동으로 감정을 전하기에 앞서 잠깐의 멈춤이 있고, 그사이에 '욱' 하는 감정이 잦아드는 것을 알 수 있다. 그리고 그 감정 안에는 '나는 맞고 너는 틀리다'라는 에고가 자리를 잡고 있음도 알 수 있다.

사람들은 외부의 대상과 접했을 때 그 대상을 있는 그대로 바라보기보다는 선입견으로 분석하고 판단한다. 예를 들면 자신의 기억으로 좋아하는 사람, 싫어하는 사람 등으로 분류한다. 좋아하는 사람은 과거에 나나 내 주변 사람에게 도움이 되었거나 앞으로도 계속 도움을 줄 것으로 생각한다. 반면 싫어하는 사람은 과거에 나나 내 주변 사람에게 해를 끼쳤거나 앞으로 해를 끼칠 것이라는 안 좋은 생각을 하고 있다. 현재의 인식이 지금이 아닌 과거의 경험이나 느낌과 밀접한 연관이 있음을 알 수 있다.

이처럼 싫어하는 사람이나 피하고 싶은 상황에 접하면

두려움에 앞서 분노의 마음이 생긴다. 그리고 그 분노가 절제되지 않으면 외부로 표출되며, 심하면 걷잡을 수 없는 방향으로 나아가게 된다. MTM을 통해서 내가 싫어하는 상황이나 미워하는 사람과 마주쳤을 때 마음에서 일어나는 공포나 분노를 알아차리는 힘을 키우게 되면 감정을 조절하고 절제할 수 있게 된다. 분노가 깊더라도 절제를 통해 욕설이나 폭행, 표정 등으로 표출하는 것을 막아 낼 수 있다. 다시 말해 마음의 불편함이 있을지라도 이것을 조절하는 힘을 기를 수 있게 된다.

물론 그 감정을 알아차리는 것이 처음부터 쉽지는 않다. 하지만 MTM을 지속하다 보면 부정적인 감정이 일어나더라도 즉각적인 반응은 피할 수 있다. 차의 다양한 맛이나 향, 감촉에 집중하면서 부정적인 감정에 잠시 쉼표를 찍어 즉각적인 반응에서 한걸음 물러설 수 있는 여유를 주는 것이다. MTM을 통해 분노나 불안 등의 부정적인 마음을 즉시 없앨 수는 없지만, 얼마든지 줄일 수 있다. 그것이 바로 MTM이 가져다주는 놀라운 효과이다.

MTM 명상 일지

언제				
어디서				
차의 종류				
건조 찻잎	모양/색	1차:	2차:	3차:
	향기	1차:	2차:	3차:
찻물	색	1차:	2차:	3차:
	향기	1차:	2차:	3차:
	맛	1차:	2차:	3차:
우린 찻잎	모양/색			
	향기			
차 도구				
다식				
마음챙김				
특별한 느낌이나 특기 사항				

MTM 명상 일지

언제				
어디서				
차의 종류				
건조 찻잎	모양/색	1차:	2차:	3차:
	향기	1차:	2차:	3차:
찻물	색	1차:	2차:	3차:
	향기	1차:	2차:	3차:
	맛	1차:	2차:	3차:
우린 찻잎	모양/색			
	향기			
차 도구				
다식				
마음챙김				
특별한 느낌이나 특기 사항				

마음챙김 차명상
MTM

초판 1쇄 발행 2022년 11월 7일

지은이　　　김배호
기획·진행　　공현주
발행인　　　승영란, 김태진
편집주간　　　김태정
마케팅　　　함송이
경영지원　　이보혜
디자인　　　ALL design group
인쇄　　　다라니인쇄
제본　　　경문제책사
펴낸 곳　　에디터유한회사
주소　　　서울특별시 마포구 만리재로 80 예담빌딩 6층 (우) 04185
전화　　　02-753-2700, 2778
팩스　　　02-753-2779
출판 등록　　1991년 6월 18일 제1991-000074호

값 18,000원
ISBN 978-89-6744-250-7　　03220